MYTHOLOGIE
IN 30 SEKUNDEN

MYTHOLOGIE
IN 30 SEKUNDEN

Die 50 wichtigsten antiken
Mythen, Götter, Helden
und Ungeheuer

Herausgeber
Robert A. Segal

Mit Beiträgen von
Viv Croot
Susan Deacy
Emma Griffiths
William Hansen
Geoffrey Miles
Barry B. Powell
Robert A. Segal

Librero

Titel der Originalausgabe: *30-Second Mythology*

© 2015 Librero IBP (für die deutsche Ausgabe)
Postbus 72, 5330 AB Kerkdriel, Niederlande

© 2012 Ivy Press Limited

Konzeption **Peter Bridgewater**
Verleger **Jason Hook**
Lektorat **Caroline Earle**
Künstlerische Leitung **Michael Whitehead**
Gestaltung **Ginny Zeal**
Illustrationen **Ivan Hissey**
Biografien **Viv Croot**
Glossartexte **Steve Luck**
Leitender Redakteur **Stephanie Evans**
Projektredakteur **Jamie Pumfrey**

Aus dem Englischen von Christian Fedeler
Lektorat & Satz: G & R Vilnius, Lietuva

Gedruckt und gebunden in China

ISBN 978-90-8998-595-8

Inhalt

EINFÜHRUNG
Robert A. Segal

Was ist ein »Mythos«? Eine einheitliche Definition
gibt es leider nicht. Die vielen existierenden Begriffserklärungen spiegeln die
unterschiedlichen Wissenschaften, die sich mit Mythen befassen. So überraschend es auch klingen mag: ein Mythos muss keine Erzählung sein. Für
Politologen kann ein Mythos eine Überzeugung oder Weltanschauung im Sinne
einer Ideologie darstellen. Selbst im Falle eines narrativen Textes beurteilen die
Wissenschaften den Inhalt höchst unterschiedlich. Für Anthropologen behandeln
Mythen ausschließlich die Erschaffung der Welt, alle anderen Erzählungen sind
Legenden oder Märchen. Für andere Disziplinen können Mythen auch so etwas
wie die Entstehung einer Nation oder einer Bewegung beschreiben, vielleicht
aber blenden sie den Aspekt der Entstehung auch völlig aus. Für Religions-
wissenschaftler handelt es sich bei den zentralen Charakteren von Mythen um
Götter. Andere Disziplinen akzeptieren hier nicht nur Helden in Menschengestalt,
sondern auch Tiere als Schöpfer der Welt.

Drei Grundsatzfragen
Viele Wissenschaften befassen sich mit Mythen – Anthropologie, Soziologie,
Psychologie, Politologie, Literatur, Philosophie und Religionswissenschaft –, und
jede hat mehrere Theorien dazu. Eine Theorie des Mythos bedeutet den Versuch,
eine Antwort auf drei grundsätzliche, bestimmte Mythen einzelner Kulturen um-
fassende Grundsatzfragen zu finden.

Diese Fragen beziehen sich auf Herkunft, Funktion und Thematik. Unter dem
Aspekt »Herkunft« wird erörtert, warum und wie Mythen immer wieder und überall entstehen; es geht also nicht darum, wann und wo sie erstmals in Erscheinung
traten. Die Frage nach der »Funktion« will klären, warum und wie Mythen über-
leben. Die Antwort auf das »Warum« findet sich gewöhnlich in einem Bedürfnis,
das der Mythos erfüllt; die anhaltende Erfüllung sorgt für das Fortbestehen des
Mythos. Das hier genannte Bedürfnis variiert je nach Betrachtungsweise.

Die »Thematik« ist das, was der Mythos dargestellt. Mythen, so die weit
verbreitete Meinung, seien wörtlich zu verstehen. Dabei sei es beispielsweise

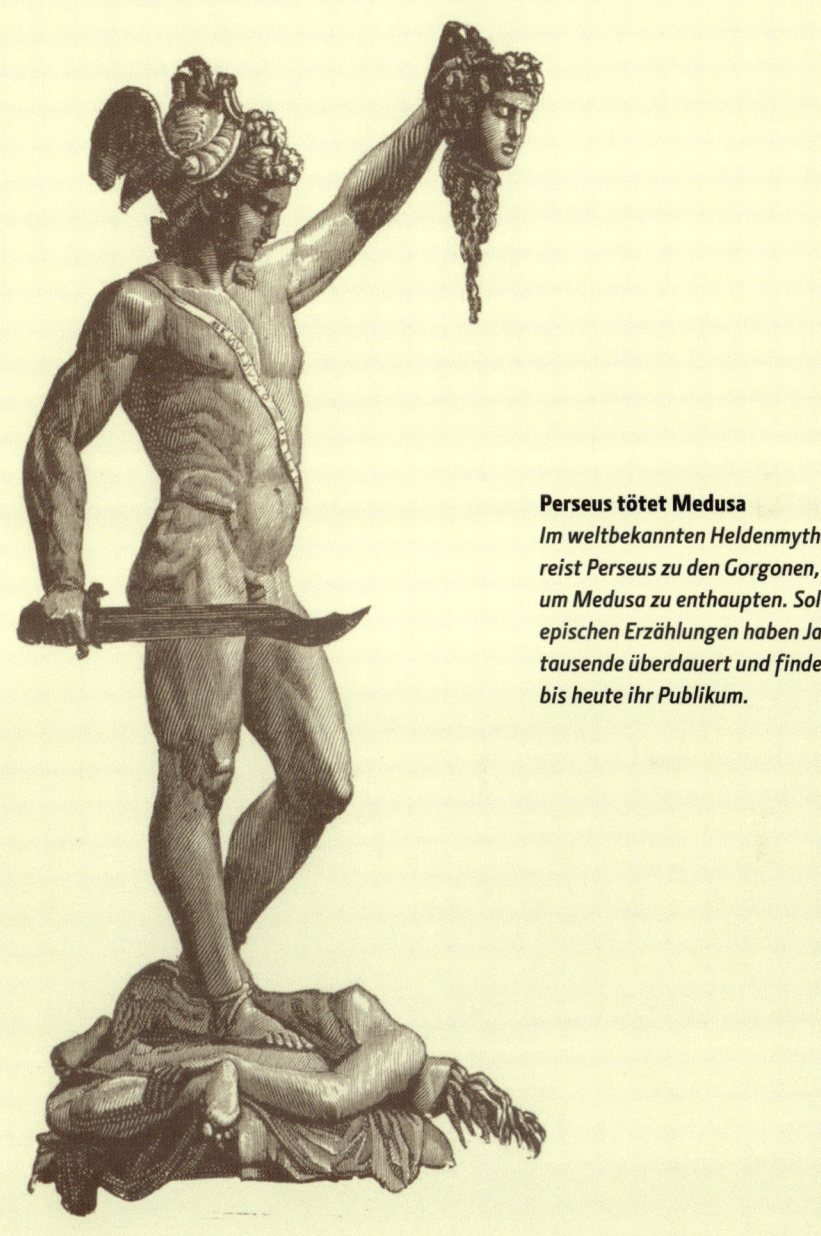

Perseus tötet Medusa
Im weltbekannten Heldenmythos reist Perseus zu den Gorgonen, um Medusa zu enthaupten. Solche epischen Erzählungen haben Jahrtausende überdauert und finden bis heute ihr Publikum.

gleichgültig, ob Zeus tatsächlich existierte oder nicht; die Mythen über den Göttervater seien Erzählungen vom obersten Gott innerhalb einer tradierten, homerischen Religion. Und dieser Gottvater könne seine Macht nach eigenem Ermessen ausspielen.

Mythen können auch symbolisch gelesen werden, wobei der Bezugspunkt beliebig gewählt werden kann. Dann steht Zeus für Blitz und Donner, aber auch für einen König, einen Vater oder die väterliche Seite irgendeiner Person. Zeus muss nicht als Gott verstanden werden, auch nicht als Gott einer längst untergegangenen Religion.

Der Wandel des Theoriengefüges

Theorien beschreiben nicht nur Mythen, sie machen sie auch verständlich. Sie behaupten zu wissen, warum Mythen entstanden, warum sie sich so lange erhielten, warum sie u. U. noch fortbestehen und wovon sie tatsächlich handeln. Eine deutliche Zäsur, die sich wie ein Schnitt durch alle Disziplinen zieht, findet sich zwischen den Theorien des 19. und des 20. Jahrhunderts.

Im 19. Jahrhundert betrachteten Theoretiker wie E. B. Tylor und J. G. Frazer die physikalische Welt als Thema der Mythen; deren Funktion war entweder die buchstäbliche Erläuterung oder die symbolische Beschreibung der Welt. Man betrachtete die Mythen als »primitives« Pendant zur Naturwissenschaft, die als »entwickelt« galt. Die Wissenschaft betrachtete Mythen nicht nur überflüssig, sondern als völlig unvereinbar mit der Realität; der moderne Mensch, der *per definitionem* wissenschaftlich war, musste Mythen daher ablehnen.

Theoretiker des 20. Jahrhunderts wie Bronislaw Malinowski, Mircea Eliade, Rudolf Bultmann, Albert Camus, Sigmund Freud und C. G. Jung bewerteten weder in Thematik noch Funktion Mythen als überholte Widersprüche zur Wissenschaft (Denker des 19. Jahrhunderts wie etwa Friedrich Nietzsche ließen diesen Ansatz bereits erahnen). Thematisiert wird im Mythos nicht nur die physische Welt, sondern Gesellschaft, Verstand oder Bestimmung des Menschen in eben dieser Welt. Mythen dienten nun von der Einigkeit der Gemeinschaft über die Begegnung mit Gott und dem Unterbewussten bis hin zur Darstellung körperlicher Verfasstheit. Selbst in der Wissenschaft hatten Mythen noch immer ihren Platz.

Ungebrochene Attraktivität

Haben die Griechen und Römer tatsächlich an ihre Mythen geglaubt? Die meisten schon. Wir mögen heute diesen Glauben nicht teilen, und doch haben die Mythen die Zeit überdauert und bis heute immer noch eine gewisse Gültigkeit. Auch wenn niemand mehr Zeus oder Achilles für real erachtet, so sind Götter und Helden doch zu Symbolen geworden – wie etwa Dionysos. Darüber hinaus spielen sie bis heute in unserem gegenwärtigen Denken eine Rolle. Freud benutzte die Gestalt des Ödipus, um den frühkindlich-männlichen Trieb zu umschreiben, und Jung benannte mit der Figur der Elektra die weibliche Entsprechung des Phänomens.

Nicht nur im Christentum und in den Religionen der Griechen und Römer gibt es Mythen; sie finden sich in den meisten, vielleicht sogar in allen Religionen. Anders herum muss ein Mythos nicht zwangsläufig auf eine Religion verweisen. Die Theorien des 20. Jahrhunderts trennten den Mythos – im Gegensatz zur Auffassung des 19. Jahrhunderts – oft von der Religion und befassten sich entsprechend auch mit säkularen Mythen, wie sie sich im Nationalismus oder in Ideen vom Weltall manifestieren. Theorien über Mythen sind Theorien zu allen Mythen, ungeachtet ihrer kulturellen Herkunft.

Im Zentrum von *Mythologie in 30 Sekunden* stehen die klassischen antiken Mythen. Die Götter werden nach griechischer Schreibweise aufgeführt, allgemein bekannte lateinische bzw. römische Namen sind ebenfalls vermerkt. Jedes mythologische Wesen oder Ereignis wird zuerst in einer 30-Sekunden-Mythologie präsentiert, wobei der Leser eine Zusammenfassung der wichtigsten Details erhält. Daneben bietet der 3-Sekunden-Überblick eine kompaktere Version. Die 3-Minuten-Perspektiven vertiefen das Thema und ergänzen etwa die dem jeweiligen Mythos anhängende Symbolik oder gehen näher auf seinen Ursprung ein. Abschließend werden unter »verwandte Mythen« die Gegenspieler der mythischen Wesen oder Ereignisse anderer Kulturen und Zivilisationen genannt.

Der vorliegende Bande ist in sieben Kapitel gegliedert: **Die Schöpfung**, **Die Olympier**, **Ungeheuer**, **Geografie**, **Helden**, **Tragische Gestalten** und **Das Vermächtnis**. Sie zeigen, wie Mythen die gesamte klassische Welt durchdringen. Es gibt nicht nur Hunderte von Göttern, zu denen mehrere Mythen existieren; es gibt auch mythische Ungeheuer, Orte und Ereignisse. Die Geschichte des Kosmos beginnt mit der Erschaffung der Götter, die ständig, mitunter tragisch, das Leben der Menschen beeinflussen. Über Hunderte von Helden wurden Mythen verfasst, die bis heute erhalten sind. Eines ihrer Vermächtnisse sind jene psychologischen Phänomene, die ihre Namen mythischen Gestalten verdanken.

Klassische Mythen begegnen uns heute in den verschiedensten Bereichen – nicht nur in der Literatur, sondern auch in Kunst, Film und Popkultur. Die modernen Versionen antiker Mythen mögen es mit dem Original nicht mehr so genau nehmen; was zählt ist, dass Mythen, wenn auch in neuer Gestalt, bis heute faszinieren.

DIE SCHÖPFUNG

DIE SCHÖPFUNG
GLOSSAR

Giganten Sie waren die männlichen Nachkommen Gaias – riesige, oft monströse sterbliche Wesen. Gaia gebar sie nach der Befruchtung durch das Blut des Uranos, den Kronos entmannt hatte. Nachdem die Olympier die Titanen eingekerkert hatten, stiftete Gaia die Giganten zum Krieg gegen Zeus und die anderen Götter an, in der Hoffnung, diese stürzen und die Vorherrschaft der Titanen wiederherstellen zu können. Im nachfolgenden Krieg (Gigantomachie) wurde einer Prophezeiung folgend Herakles von den Göttern zum Kampf gegen die Giganten aufgefordert. Er tötete mehrere Giganten und brachte den Göttern den endgültigen Sieg.

Kosmogonie Abgeleitet vom griechischen Wort *kosmos* (wörtlich »Ordnung«), meint dieser Begriff die mythische Entstehung der Welt.

Meliaden Diese Schwesternschaft der Eschennymphen (*melia* ist Griechisch für »Esche«) waren – wie die Giganten und Erinnyen (»Furien«) – Kinder Gaias, geboren aus dem Blut des Uranos. Laut Hesiods *Werke und Tage* brachten die Meliaden das dritte Menschengeschlecht – das Bronzene Geschlecht – hervor, das Hesiod als »grausam und stark« bezeichnet.

Okeaniden Eine Sammelbezeichnung für etwa 3000 bis 4000 Nymphen – Kinder der Titanen Okeanos und Tethys. Sie bewohnten die Meere, und viele sind namentlich bekannt. Auch wenn sie nicht unsterblich waren, führten die Okeaniden ein langes Leben und waren den Menschen gegenüber freundlich gesinnt. Sie werden oft dargestellt, wie sie Kiel und Bug von Booten umspielen.

Olympier Dieser Begriff bezieht sich im Allgemeinen auf die »zwölf Götter des Olymp«, die nach dem Sturz der Titanen (Titanomachie) die Kontrolle über die Welt erlangten. Die Hauptgötter im Griechischen Pantheon, die zwölf Olympier, bewohnten den Olymp und wurden von Zeus, dem Gott des Himmels, regiert. Die Namensliste der jeweiligen Götter variiert je nach Quelle, doch meist werden Zeus, Hera, Poseidon, Demeter, Apollon, Artemis, Dionysos, Athene, Ares, Hephaistos, Hermes und Aphrodite genannt.

Protogonoi In der griechischen Kosmogonie werden vier, ursprünglich göttliche Wesen erwähnt. Laut der *Theogonie* des Hesiod war Chaos das erste existierende Wesen, eine »gewaltige und finstere« Schlucht oder ein Abgrund. Danach, aber nicht als Nachkomme des Chaos, folgten Gaia (»Mutter Erde«), Tartaros (wörtlich »tiefer Ort«), ein kosmisches Gefängnis, und Eros (die erotischen Liebe). Auch wenn sie unpersönliche Wesen sind, werden die vier Protogonoi doch als früheste Form der Götter betrachtet.

Sichel aus Adamant Eine Sichel aus sehr beständigem oder hartem Material. Die bekannteste Sichel dieser Art fertigte Gaia, die sie ihrem Sohn Kronos (Saturn) übergab, der damit seinen Vater Uranos entmannte. Es gibt noch weitere Belege für derartige Sicheln, etwa für die, mit der Perseus Medusa tötete, oder die, mit der Zeus Typhon besiegte.

Titanomachie So lautet die Bezeichnung eines epischen, zehn Jahre währenden Krieges zwischen den Titanen und den Göttern des Olymp. Nachdem Kronos seinen tyrannischen Vater Uranos beseitigt hatte, fürchtete er, eines Tages selbst von seinen Kindern gestürzt zu werden. Er verschlang sie, musste jedoch durch eine List Zeus herausgeben, der versteckt auf Kreta heranwuchs. Kronos wurde später gezwungen, seine anderen Kinder herauszuwürgen. Gemeinsam mit Zeus kämpften Giganten und Kyklopen (von denen Zeus seine Insignie – den Blitz – erhielt) gegen die Titanen. Ihr Kampf endete siegreich, und die besiegten Titanen wurden in den Tartaros geworfen.

Unterwelt Ein allgemeiner Begriff, der alle Orte unterhalb der Erdoberfläche umfasst. Die Beschreibungen variieren von Quelle zu Quelle, aber zur Unterwelt gehören der Tartaros, das kosmische Gefängnis der Titanen und der schlechtesten Menschen (vor allem jener wie Tantalos und Sisyphos, die die Götter beleidigten); der Hades (oder Erebos), wohin die Sterblichen nach ihrem Tod gelangten; und nach Vergil das Elysion (die Elysischen Gefilde), die Ruhestätte der Helden. Der bedeutendste Fluss der Unterwelt, der die Lebenden von den Toten trennte, war der Styx. Der berühmteste ist jedoch der Acheron, über den Charon mit seiner Fähre die Seelen der Verstorbenen ins Jenseits bringt.

CHAOS

30-Sekunden-Mythologie

Nach dem altgriechischen Dichter

Hesiod war die Geburt bzw. Entstehung des Chaos
das erste Ereignis im Kosmos. Dem Chaos folgten
Gaia (Erde), Tartaros (kosmischer Kerker) und Eros
(erotische Liebe). Diese vier waren die ersten urweltlichen göttlichen Wesen. Was danach das Licht
der Welt erblickte, entstammte letztlich einem oder
mehreren dieser Wesen. Das Wort ›Chaos‹ bedeutete
nicht den Zustand völliger Unordnung, wie wir es
heute verstehen; es war eher ein »begrenzter Raum«
– wie eine Schlucht. Etymologisch leitet sich das
Wort ›Chaos‹ vom griechischen Verb *chaino* (»klaffen,
gähnen«) ab. Dem Mythos zufolge bot das Chaos
einen Raum, in dem sich die Welt entwickeln konnte.
Es hatte eine Doppelnatur: es war nicht nur etwas
Physisches, sondern auch eine Persönlichkeit, etwas
Lebendiges, aus dem zwei weitere kosmische Wesen
hervorgingen – die Finsternis und die Nacht. Letztere
schufen wiederum andere Elemente des Kosmos.
Wie Finsternis und Nacht waren die Nachkommen
des Chaos meist unfassbare Erscheinungen wie Tod,
Schlaf und Zwietracht.

3-SEKUNDEN-ÜBERBLICK
Die *Theogonie* des Hesiod
beginnt mit dem Chaos,
erklärt aber nicht, was ihm
vorausging und wer es schuf.

3-MINUTEN-PERSPEKTIVEN
Im ersten Jahrhundert n. Chr.
verfasste der römische
Dichter Ovid eine andere
mythische Kosmogonie,
nach der die Welt ursprünglich aus formloser Materie,
dem Chaos, bestand; dort
herrschten Unstimmigkeit
und Verwirrung. Gegen-
sätze standen im Kampf
miteinander: heiß gegen
kalt, nass gegen trocken,
hart gegen weich, schwer
gegen leicht. Die Natur oder
manche Götter befreiten
diese Elemente und brachten
so Ordnung in das Univer-
sum. In Ovids Version war
das Chaos tatsächlich ein Zustand »völliger Unordnung«.

VERWANDTE MYTHEN
Viele kosmogonische Mythen
berichten von einem ursprüng-
lichen Wesen oder einer
Substanz, die alle späteren
Teile des Kosmos in sich
trägt. Beispiele dafür sind
Tiamat (Mesopotamien) und
Ginnungagap (Skandinavien).

3-SEKUNDEN-BIOGRAFIEN
GAIA
Mutter Erde
s. Seite 18

URANOS
Himmelsvater
s. Seite 22

HADES
Reich der Toten
s. Seite 82

TARTAROS
Kosmischer Kerker für besiegte
Götter und Ungeheuer
s. Seite 86

30-SEKUNDEN-TEXT
William Hansen

Das erste Wesen,
das Chaos, ist ein
gewaltiger dunkler
Abgrund.

EROS/AMOR/CUPIDO

30-Sekunden-Mythologie

Eros war der griechische Gott der

sexuellen Liebe. Sein römisches Pendant war Amor bzw. Cupido. Nach einer Überlieferung war Eros eines der frühen göttlichen Wesen (Protogonoi) und verkörperte den Schaffensdrang der Natur. Nach einer anderen Version entsprang er der verbotenen Liaison von Aphrodite und Ares. Der Sage nach trug Aphrodite, voller Eifersucht auf die außergewöhnliche Schönheit der sizilianischen Prinzessin Psychē, ihrem Sohn Eros auf, Psychē mit Pfeilen zu verletzen, damit sie sich in einen Dämon verliebe. Im Durcheinander fügte Eros sich selbst eine Wunde zu, wodurch in ihm eine unstillbare Leidenschaft für das Mädchen entbrannte. Eros zauberte Psychē in sein Haus, blieb aber stets unsichtbar. Sie liebten einander in jeder Nacht. Von ihren neidischen Schwestern verführt, entzündete Psychē eines Nachts eine Lampe und erblickte Eros; der aber verbrannte sich am heißen Lampenöl und flog davon. Beim Versuch, Psychē nachzueifern, sprangen ihre Schwestern von einem Berg in der Erwartung, vom Westwind (Zephyr) zu Eros getragen zu werden. Stattdessen stürzten sie auf die Felsen. Psychē suchte überall nach Eros und ließ schwierige Prüfungen Aphrodites' über sich ergehen. Zuletzt fanden Psychē und ihr geliebter Eros wieder zueinander. Eros heiratete sie und macht sie zur Göttin; aus ihrer Ehe ging eine Tochter hervor – Hedonē (»Freude«). *Der goldene Esel* des Apuleius enthält die römische Version dieser Erzählung.

3-SEKUNDEN-ÜBERBLICK
Eros ist die Verkörperung sexueller Anziehung. Er beschießt Männer und Frauen mit Pfeilen, wodurch sie einander begehren.

3-MINUTEN-PERSPEKTIVEN
In der Malerei und Bildhauerei wird Eros als nackter beflügelter Knabe dargestellt, der mit einem Bogen bewaffnet ist und einen Köcher mit Pfeilen trägt. In der antiken Malerei findet er sich in der Nähe jener, die einander in Leidenschaft verfallen. Psychē ist die Vergötterung der menschlichen Seele, die auf antiken Mosaiken als Göttin mit Schmetterlingsflügeln dargestellt wird (*psychē* bedeutet auf Griechisch »Schmetterling«).

VERWANDTE MYTHEN
Fruchtbarkeitsgötter können männlich oder weiblich sein und werden oft als Paar dargestellt, so auch Eros und Aphrodite.

3-SEKUNDEN-BIOGRAFIEN
ARES/MARS
Kriegsgott, Vater von Eros
s. Seite 40

APHRODITE/VENUS
Göttin der Liebe und Schönheit
s. Seite 50

30-SEKUNDEN-TEXT
Barry B. Powell

Eros, der der verbotenen Liebe zwischen Aphrodite und Ares entspringt, ist der Gott sexueller Begierde.

GAIA

30-Sekunden-Mythologie

»Die weite, ein Sitz von ewiger Feste« (nach den Worten des frühen griechischen Dichters Hesiod) tauchte ganz zu Anfang der Schöpfung nach dem Chaos auf. Gaia entwickelte sich von der konkreten lebenden Gestalt hin zu einer absoluten Personalität, die aus sich selbst heraus Uranos, den »Himmelsvater«, gebar. Eine gewaltige Zahl von Kindern, angeführt von den Titanen, folgte. In den auffallend ödipal wirkenden Generationskämpfen des frühen griechischen Mythos ist die Rolle Gaias mehrdeutig. Als Uranos aus Furcht vor den eigenen Kinder diese wieder im Mutterleib vergrub, übergab Gaia dem jüngsten Sohn Kronos eine Sichel aus Adamant, um den Vater zu entmannen; Kronos seinerseits begann, die eigenen Kinder zu verschlingen; Gaia bewahrte das jüngste – Zeus – vor diesem Schicksal, um es als Waffe gegen Kronos einzusetzen. Als Zeus wiederum seinen Vater einkerkerte, gebar Gaia die furchterregende Schlange Typhon, um Zeus anzugreifen, später mit ihm wieder Frieden zu schließen und ihm zu raten, sich seiner eigenen Tochter Athene entgegenzustellen. Das Hin und Her von Fürsorge und Vernichtung in der Gestalt Gaias zeigt die Angst der griechischen Männer vor weiblicher und mütterlicher Macht. Und was noch wesentlicher ist: Gaia als Personifizierung der Erde ist eine Mutter – gütig und unbarmherzig zugleich –, Schoß und Grab aller Generationen frühen Lebens.

3-SEKUNDEN-ÜBERBLICK
Gaia ist die ursprüngliche »Erdenmutter«, die älteste aller Göttinnen – und bis heute für die meisten auch die mächtigste.

3-MINUTEN-PERSPEKTIVEN
In den 1970er Jahren legte der Wissenschaftler James Lovelock (angeregt durch den Romanautor William Golding) seine »Gaia-Hypothese« vor. Der Name sollte eine Sichtweise der Erde als eines komplexen, sich selbst regulierenden lebenden Organismus verdeutlichen, zu dem die Menschen als Teil gehören. Während die Theorie von Lovelock bis heute von Wissenschaftlern kontrovers diskutiert wird, bleibt Gaia eine machtvolle Symbolfigur für ökologische und heidnische Bewegungen.

VERWANDTE MYTHEN
Fast alle Mythologien sehen die Erde als Muttergöttin. Die Ägypter sind hier eine Ausnahme: es gibt eine männliche Erde (*Geb*) und einen weiblichen Himmel (*Nut*).

3-SEKUNDEN-BIOGRAFIEN
CHAOS
Das erste uranfängliche Wesen
s. Seite 14

URANOS
Himmelsvater, Sohn und Mann von Gaia
s. Seite 22

DIE TITANEN
Kinder von Gaia und Uranos
s. Seite 24

ZEUS/JUPITER
König des Olymp, Himmelsgott
s. Seite 32

30-SEKUNDEN-TEXT
Geoffrey Miles

Gaia, ursprünglich Göttin der Erde, ist die Großmutter des Zeus.

ca. 750/700 v. Chr.
Geburt

ca. 700/650 v. Chr.
Niederschrift der *Theogonie*

ca. 700/650 v. Chr.
Niederschrift von *Werke und Tage*

ca. 700/650 v. Chr.
Niederschrift von *Katalog der Frauen*

1493
Erste gedruckte Ausgabe von *Werke und Tage*

1495
Herausgabe des Gesamtwerks in Venedig

1858
Hesiod's Werke. Verdeutscht im Versmasse der Urschrift von Ed. Eyth

1991
Hesiod, *Theogonie. Werke und Tage*. Griechisch und deutsch, herausgegeben und übersetzt von Albert von Schirnding

HESIOD

Neben Homer ist Hesiod einer
der beiden Väter der griechischen Dichtkunst.
Auch wenn er der mutmaßliche Autor unzäh-
liger Werke ist, gibt es nur zwei, die ihm als au-
thentisch zugeschrieben werden: *Werke und
Tage* und die *Theogonie*. Ob diese Werke von
einer Einzelperson verfasst wurden, wird bis
heute diskutiert, ähnlich wie die Frage der Autorenschaft von *Ilias* und *Odyssee*. Es gibt in den
Texten kaum Anhaltspunkte, von denen sich auf
den Autor Hesiod schließen ließe; über seine
Person wissen wir so gut wie nichts. Bekannt ist,
dass er die Härte und Ungerechtigkeit des Lebens
beklagte. Die Menschen waren der Gnade der
Götter, der physischen Welt und einander aus-
geliefert.

Hesiod hatte von seinem Vater ein kleines
Stück Land geerbt – am Fuß des Berges Helikon,
dem Heim der Musen. Seine Schafe grasten an
den unteren Hängen und tranken aus einer der
heiligen Quellen – der Hippokrene.

Die *Theogonie* ist die Hauptquelle der griechischen Kosmogonie. Sie behandelt die Erschaffung, den Auf- und Niedergang der Götter-
welt sowie Zeus' letztendliche Vorherrschaft.
Werke und Tage wendet sich an Hesiods Bruder

Perses, mit dem er über die Aufteilung des
väterlichen Nachlasses in Streit geraten war.
Wo Hesiod zurückhaltend war, verhielt Perses
sich verschwenderisch und bat seinen Bruder
um ein Darlehen. Als Antwort verfasste Hesiod
Werke und Tage, worin er die Ungerechtigkeit
der Gesellschaft und die Härte des Lebens be-
klagt – es gibt zu viele Münder zu stopfen –,
zugleich aber die Würde der Arbeit verteidigt.
Werke und Tage beschreibt neben Themen wie
Anbaumethoden auch zentrale Mythen wie die
von Prometheus, Pandora und den Weltaltern –
alternative Mythen vom Verlust des Paradieses.

Im Gegensatz zu Homer, der sich eher an die
herrschende Klasse als an gewöhnliche Sterbliche wandte, spricht Hesiod Bauern und andere
einfache Bürger an. Obwohl Homer und Hesiod
unabhängig voneinander schrieben, stimmt bei
ihnen die Zusammensetzung des Pantheons
größtenteils überein, auch wenn jeder Schwer-
punkte und Details anders setzt. Beide Dichter
bieten gemeinsam eine Entsprechung der griechischen »Bibel«. Hesiod sorgt für die Mythen
von Erschaffung und Niedergang, Homer
beleuchtet die nachfolgende Menschheits-
geschichte.

URANOS

30-Sekunden-Mythologie

Uranos war, so berichtet Hesiod,

der Sohn und spätere Mann Gaias. Seine Kinder waren ihm verhasst, und er verbarg sie in der Tiefe Gaias, aus der sie sich nicht befreien konnten. Gaia verbündete sich mit ihrem Sohn Kronos, einem Titanen, gegen Uranos; sie gab Kronos eine Sichel aus Adamant. Kronos lauerte seinem Vater im Inneren Gaias auf. Als sich Uranos Gaia wollüstig näherte, entmannte Kronos den Vater; seine Genitalien fielen ins Meer. Blut aus der Wunde tropfte zur Erde, woraus die Giganten (»die Erdgeborenen«), Erinnyen (die »Furien«) und Meliaden (die Eschennymphen) entsprangen. Aus dem Schaum, der sich um die im Meer treibenden Genitalien sammelte, wurde Aphrodite geboren (nach einer heute umstrittenen Ethymologie die »Schaumgeborene«).

Für die Erzählung sind Vereinzelung oder Differenzierung von Göttern oder Elementen Bedingung des Schöpferischen – ein weit verbreitetes Muster. Uranos und Gaia, anfangs in fortwährender Umarmung, lassen keinen Platz für die Entstehung der Welt. Mit der Entmannung des Uranos können die Kinder des Paares die Weltbühne betreten, deren Erschaffung nun ihren Lauf nehmen kann.

3-SEKUNDEN-ÜBERBLICK
Uranos (»der Himmel«) ist der erste Gott der griechischen Mythologie, der die Entfaltung der Welt durch seine sexuelle Tyrannei über Gaia (»die Erde«) hemmt.

3-MINUTEN-PERSPEKTIVEN
Die Fassung des Hesiod legt eine psychoanalytische Deutung der inzestuösen Beziehung zwischen Uranos und Gaia nahe – der Sohn wird zum Mann der eigenen Mutter und so zum Vater der eigenen Geschwister. Daraus entwickeln sich die aus dem Ödipus-Mythos bekannten Ereignisse zwischen Uranos und seinem Sohn Kronos, später zwischen Kronos und dessen Sohn Zeus.

VERWANDTE MYTHEN
In einem hethitischen Mythos biss *Kumarbi* die Genitalien seines Vaters, des Himmelsgottes *Anu*, ab, wurde dadurch schwanger und gebar den Sturmgott *Teschub*, der ihn selbst entthronte.

3-SEKUNDEN-BIOGRAFIEN
CHAOS
Das erste uranfängliche Wesen
s. Seite 14

GAIA
Mutter Erde
s. Seite 18

DIE TITANEN
Kinder von Gaia und Uranos
s. Seite 24

30-SEKUNDEN-TEXT
Barry B. Powell

Uranos, in der Frühzeit der griechische Himmelsgott, ist ein sexueller Tyrann.

DIE TITANEN

30-Sekunden-Mythologie

Gaia und Uranos brachten das

Geschlecht der Titanen hervor, das lange in der großen Titanomachie einen erfolglosen Kampf gegen die Götter des Olymp führte. Trotz vieler Spekulationen ist die Bedeutung des Wortes »Titan« bis heute ungeklärt. Allgemein standen die Titanen für die mächtigen Naturgewalten, ungebändigt von der rationalen und patriarchalischen Herrschaft der Olympier. Sie wurden selten in der Kunst dargestellt und kaum verehrt.

Zwei namhafte Titanen waren der Wassergott Okeanos und die Meeresgöttin Tethys, deren Name wahrscheinlich von der babylonischen Wassergöttin Tiamat abgeleitet ist. Okeanos war eigentlich ein Fluss, der die Welt umschloss. Auch speiste er alle Gewässer in Brunnen, Quellen und Flüssen. Nach Homer brachten Okeanos und Tethys alle anderen Götter zur Welt, daneben dreitausend Okeaniden – Geister der See, der Flüsse und Quellen.

Andere Titanen sind Phoibe, die mit dem Himmel in Zusammenhang gebracht werden konnte, und Themis, die alles Feste und Ständige darstellte. Sie schützte das Orakel von Delphi, bevor es unter die Obhut Apollons kam, und gebar Zeus, wie auch die Titanin Mnemosyne (»Gedächtnis«), mehrere Kinder. Kronos und Rhea waren Eltern bzw. Großeltern der zwölf Olympier, unter ihnen auch Zeus.

Die Titanen, Kinder der Gaia und des Uranos, unterliegen im Kampf um die Weltherrschaft gegen die Olympier.

PROMETHEUS

30-Sekunden-Mythologie

In den frühen Tagen des Kosmos

trafen die Götter des Olymp mit den männlichen Menschen zusammen, um zu entscheiden, wie das Fleisch unter ihnen zu verteilen sei. Prometheus, ein Sohn des Titanen Iapetus, wirkte als Vermittler. Ein Stier wurde geschlachtet, Prometheus machte daraus zwei Teile und umhüllte sie mit Stierhaut – einen kleinen Haufen aus Fleisch und Gekröse, einen großen aus Knochen und üppigem Fett. Prometheus bat den olympischen Gott Zeus zu wählen, und dieser wählte den Haufen, der gut aussah, aber hauptsächlich Knochen enthielt. Als Zeus erkannte, dass Prometheus ihn betrogen hatte, versagte er in seinem Zorn der Menschheit das Feuer. Die Menschen hatten nun zwar Fleisch, konnten es aber nicht zubereiten. (Einer anderen Überlieferung zufolge wusste Zeus von der Täuschung, traf aber eine schlechtere Wahl, um die Menschen später bestrafen zu können.) Da stahl Prometheus den Göttern das Feuer und gab es der Menschheit. Zeus war nun doppelt verärgert und verhängte Strafen über die Menschheit und ihren Anwalt. Für die Menschheit erschuf er die Frau; der Gott der Schmiedekunst, Hephaistos, formte die erste Frau (Pandora) aus Lehm. Sie wurde Epimetheus, dem geistesschwachen Bruder des Prometheus, übergeben. Prometheus selbst ließ Zeus an einen Felsen schmieden, wo täglich ein Adler von seiner Leber fraß und ihm so endlose Qualen bereitete.

Ein schlauer Rebell, der den Zorn des Zeus auf sich zieht, weil er der Menschheit das Feuer gibt; für seine Dreistheit wird Prometheus bestraft.

DIE OLYMPIER

Aigis Ein weites, zeremonielles Gewand (oft auch Schild), mit dem gezeigt wird, dass sein Träger unter göttlichem Schutz steht. Die Aigis geht auf die alten Zivilisationen der Nubier und Ägypter zurück. In der griechischen Mythologie werden Zeus und Athene jeweils mit einer Aigis beschrieben, die von Hephaistos, dem göttlichen Meister der Handwerkskunst, gefertigt ist. Heute bedeutet dieses Wort »Schutz«; die Redewendung »unter jemandes Ägide stehen« hat hier ihren Ursprung.

Allmacht Obwohl die Götter der klassischen Mythologie viel Macht besaßen, war keiner von ihnen all- oder übermächtig. Selbst Zeus wurde von anderen Göttern herausgefordert, vor denen er sich manchmal fürchtete; oft konnte er sich nicht über sein Schicksal hinwegsetzen. Der Begriff »Allmacht« ist für monotheistische Religionen weit zutreffender. Aber auch Religionen mit nur einem Gott gehen nicht immer davon aus, dass ihr Gott allmächtig ist; Allmacht ist deshalb tendenziell eher eine philosophische Größe als eine Kategorie des Volksglaubens.

Dreizack Ein großer Speer mit drei Spitzen, der dem Meeresgott Poseidon (Neptun) zugeschrieben wird. Poseidon setzte seinen Dreizack unterschiedlich ein, hauptsächlich aber, um Wasserquellen zu schaffen, Erdbeben auszulösen und Stürme heraufzubeschwören.

Auch Wassermänner werden oft mit einem Dreizack dargestellt.

Kureten In Kreta beheimatete Berggeister, verantwortlich für Schafzucht, Jagd, Imkerei und Metallarbeit. In der *Theogonie* des Hesiod versteckt Gaia den Knaben Zeus auf Kreta, um ihn vor Kronos zu schützen. Sie bittet die Kureten, sich um den neugeborenen Gott zu kümmern – das Schreien des Kindes wird von ihren wilden Kriegsgesängen übertönt. Die Kureten verehren Rhea und werden oft mit den phrygischen Korybanten gleichgesetzt, die die phrygische Kybele verehren.

Kyklopen Die Sammelbezeichnung für eine Gruppe einäugiger Giganten, die in der griechischen Mythologie zu verschiedenen Zeiten auftauchen. Laut der *Theogonie* des Hesiod waren die Kyklopen die Kinder von Uranos und Gaia, von denen Zeus den Blitz erhielt, der den Olympiern den Sieg über die Titanen einbrachte. Der Kyklop Polyphem, Sohn des Poseidon, erlag der berühmten List des Odysseus, wurde aber durch seinen Vater gerächt.

Mysterien von Eleusis Sie bezeichnen heilige Rituale, die jährlich in der Stadt Eleusis nordwestlich von Athen abgehalten werden, um die Göttinnen Persephone und Demeter zu ehren. Es wird vermutet, dass sie bis ins mykenische Zeitalter zurückreichen. Sie gehören zu den wichtigsten Zeremonien im altgriechischen Kalender und sind eine Kombination mystischer Initiations- und Weiheriten, bei denen das Konzept von Tod und Wiedergeburt im Mittelpunkt steht. Die Festlichkeiten sollen im September etwa neun Tage gedauert haben und sind eng mit der Getreidesaat verbunden – Demeter gilt als Göttin des Getreides und der Fruchtbarkeit.

Parthenogenese (wörtlich »Jungfrauengeburt«), eine Form der eingeschlechtlichen Fortpflanzung und ein weitverbreitetes Reproduktionsverfahren in der Tierwelt, das auch in der klassischen Mythologie häufig vorkommt. Viele der wichtigen Göttinnen – von der urweltlichen Gaia bis zu Hera, Frau und Schwester des Zeus – sind in der Lage, sich alleine zu vermehren. Die Geburt der Athene aus dem Kopf des Zeus ist kein Beispiel für die Parthogenese, da Athene bereits von der Göttin Metis empfangen wurde. Der Begriff wird auch benutzt, um die Geburt Jesu zu beschreiben.

Psychopompos Der Name eines Wesens, das die Seelen der Verstorbenen ins Jenseits geleitet. In der klassischen Mythologie gibt es viele Beispiele für Psychopompoi, vor allem Charon, Hermes, Hekate und Morpheus.

Wassermänner Das männliche Pendant zu den Wasserfrauen. Sie werden mit Bart, grünem Haar und einem Dreizack dargestellt. Zu Kopf, Armen und einem menschlichen Oberkörper gehören statt der Beine ein fischähnlicher Schwanz. Die zwei berühmtesten Wassermänner der griechischen Mythologie sind Triton, der Sohn des Poseidon, und Glaukus, ein ehemals sterblicher Fischer, der sich nach dem Verzehr eines Wunderkrauts in einen Wassermann verwandelt.

Zeuskult Das große Orakel von Dodona in Epirus im Nordwesten Griechenlands war Heimstatt des Zeuskults und wird für das älteste Orakel Griechenlands gehalten, das ins zweite vorchristliche Jahrtausend zurückreicht. Die Prophezeiungen stammen von barfüßigen Priestern, bekannt als Selloi oder Helloi, die dem Rauschen der Blätter einer heiligen Eiche lauschen. Die Priester werden später von Priesterinnen abgelöst. Der Schrein von Dodona ist eng verbunden mit Dione, die in manchen Auslegungen eine Art »Erdgöttin« ist.

ZEUS/JUPITER

30-Sekunden-Mythologie

Zeus war nicht nur der Gott des

Himmels, sondern auch Hüter der sozialen Ordnung und Beschützer von Königen und Fremden. Der römische Jupiter verkörperte zudem den Staat und seine militärische Macht. Zeus war das jüngste Kind von Kronos und Rhea. Berühmt für seine Eskapaden, heiratete er Hera, die ihm viele Kinder gebar.

Kronos zeugte Kinder mit Rhea, aber wie schon sein Vater war auch er ein Tyrann; er verschlang seine Nachkommen unmittelbar nach der Geburt. Als Zeus, das letzte Kind Rheas, zur Welt kam, wickelte sie einen Stein in Windeln, den Kronos im Glauben verschluckte, es sei das Neugeborene. Heimlich brachte Rhea den kleinen Zeus nach Kreta, wo er in einer Höhle aufwuchs. Die getreuen Kureten lärmten vor der Höhle mit ihren Gesängen und Waffen, um das Weinen des Kindes zu übertönen. Später stürzte der erwachsene Zeus Kronos und zwang ihn, die verschlungenen Kinder wieder freizugeben. Es folgte die Titanomachie, der Kampf gegen die Titanen, aus dem Zeus und die Olympier dank des von den Kyklopen gefertigten Blitzes siegreich hervorgingen. Trotz seiner Überlegenheit war Zeus nicht allmächtig. Immer wurde wird er von anderen Göttern herausgefordert und blieb dem Schicksal unterworfen.

3-SEKUNDEN-ÜBERBLICK
Zeus (bei den Römern Jupiter) ist König der Götter und Oberhaupt der olympischen Familie – nach Homer der »Vater der Götter und Menschen«.

3-MINUTEN-PERSPEKTIVEN
Bei Dodona in Epirus (im entlegenen Nordwesten Griechenlands) gab es einen Zeuskult, der auf einer heiligen Eiche basierte. Priesterinnen lasen dort aus dem Rauschen der Blätter eines heiligen Eichenbaums Prophezeiungen. In Dodona war Zeus' Gefährtin nicht Hera, sondern Dione – eine weibliche Form des Zeus. Dione könnte die eigentliche Gemahlin des Zeus gewesen sein, bevor die Griechen die Balkanhalbinsel erreicht hatten und den dortigen Kult der Muttergöttin (Hera) übernahmen.

VERWANDTE MYTHEN
Im Sanskrit gibt es *Dyaus Pita*, den »Vatergott«, der dem der Griechen/Römer gleicht. Der Name des altnordischen Gottes *Tyr* entstammt derselben indoeuropäischen Wurzel.

3-SEKUNDEN-BIOGRAFIEN
URANOS/SATURN
Vater der Olympier
s. Seite 22

HERA/JUNO
Königin der Götter, Gemahlin des Zeus/Jupiter
s. Seite 34

30-SEKUNDEN-TEXT
Barry B. Powell

Zeus, das jüngste Kind von Kronos und Rhea, ist König der Götter und führt diese zum Sieg gegen die Titanen. Als erstaunlicher Liebhaber ist er Vater vieler Götter und Helden.

HERA/JUNO

30-Sekunden-Mythologie

Als Kind des Kronos, dem frühen

Herrscher über das Universum, gab sich Hera nie mit dem zweiten Platz zufrieden, und dennoch stand sie immer im Schatten ihres Gemahls und Bruders Zeus. Man kann sie allerdings kaum als devote Ehefrau bezeichnen, abgesehen von jenen Situationen, in denen Zeus sie unter Androhung häuslicher Gewalt zur Unterwürfigkeit zwingt. Und sie muss Angst gehabt haben: ihr Gemahl ließ sie an den Händen vom Gipfel des Olymp hinab hängen und Ambosse an ihre Füße ketten. Meist richtete sich ihr Ärger jedoch eher gegen die Liebschaften und die unehelichen Kinder des Zeus als gegen dessen göttliche Herrschaft an sich. Herakles, der bekannteste sterbliche Sohn Zeus', wurde bis zu seinem Tod unentwegt verfolgt. Nachdem er die Unsterblichkeit erlangt hatte, gab Hera ihm ihre Tochter Hebe zur Frau.

Anders als ihr Gemahl hatte Hera keine Liebhaber. Sie vermochte auch ohne männliches Zutun Kinder zu empfangen. Ihre Antwort auf die Geburt Athenes aus dem Kopf des Zeus nach dem Verkehr mit der Göttin Metis war die Geburt des Hephaistos durch Parthogenese (»Jungfrauengeburt«). Nachdem in einer römische Version des Mythos Minerva dem Kopf Jupiters entsprungen war, reichte Flora der Göttin Juno ein magisches Kraut, wodurch sie ihren Sohn Mars empfing.

3-SEKUNDEN-ÜBERBLICK
Hera wurde von den Römern mit Juno, ihrer Göttin der Ehe, gleichgesetzt und war Schwester und Gattin des Zeus.

3-MINUTEN-PERSPEKTIVEN
Zeus und Hera kann man wohl kaum als altes Ehepaar bezeichnen, obwohl ihre Ehe um die Zeit des Aufstiegs Zeus' zur Vorherrschaft geschlossen wurde. Nach ihrem alljährlichen Bad bei der heiligen Quelle von Argos erneuerte Hera immer wieder ihre Jungfräulichkeit und zelebrierte ihre Heirat. Als antikes »Weibsbild« wurde sie in Stymphalos als Jungfrau, Gemahlin und – im Hinblick auf den Status ihres Mannes interessanterweise – als Witwe verehrt.

VERWANDTE MYTHEN
Als Königin des Olymp trug Hera einzelne Züge der phönizischen großen Göttin *Astarte* und der mesopotamischen Göttin *Ishtar*.

3-SEKUNDEN-BIOGRAFIEN
ZEUS/JUPITER
König des Olymp, Himmelsgott
s. Seite 32

HEPHAISTOS/VULCANUS
Gott der Handwerkskunst, Schmied der Götter
s. Seite 38

ARES/MARS
Kriegsgott, Sohn von Zeus und Hera
s. Seite 40

HERAKLES/HERKULES
Griechischer Held mit ungeheurer Stärke
s. Seite 96

30-SEKUNDEN-TEXT
Susan Deacy

Hera und Zeus, eine spannungsreiche Ehe: seine Seitensprünge provozieren ihre Nachstellungen.

POSEIDON/NEPTUN

30-Sekunden-Mythologie

Gemeinsam mit seinen Brüdern

Zeus und Hades beherrschte Poseidon die Welt: Zeus regierte den Himmel, Hades die Unterwelt und Poseidon das Meer. Poseidons Hoheitszeichen war der Dreizack, ein Speer mit drei Spitzen. Schlug er mit ihm auf dem Boden auf, sprudelten Quellen hervor. Die bedeutendste unter all seinen Gefährtinnen war die Seenymphe Amphitrite, mit der er den Wassermann Triton zeugte.

Als Poseidon und Athene um die Gunst der Stadt Athen warben, stieß er seinen Dreizack in den Felsen der Akropolis, aus dem eine Salzwasserquelle entsprang. Athene dagegen pflanzte einen Olivenbaum und wurde von den Athenern als Schutzgöttin der Stadt erwählt. Aus Rache überflutete Poseidon die Ebene von Attika, in der Athen liegt.

Poseidon war der Vater des Theseus und vieler anderer Helden, von denen einige Halbgötter waren. Nach einer Erzählung machte Poseidon der Göttin Demeter den Hof, seine Liebe aber wurde nicht erwidert. Um Poseidon zu meiden, verwandelte sich Demeter in eine Stute. Poseidon aber wandelte sich zum Hengst und zeugte mit ihr das Wunderpferd Areion. Anders als andere frühe Wassergötter war Poseidon eine personifizierte Gestalt, die von dem Naturphänomen, das sie kontrollierte, unabhängig war.

3-SEKUNDEN-ÜBERBLICK
Poseidon, Sohn des Titanen Kronos – gleichbedeutend mit dem römischen Gott Neptun – war der mächtige Gott des Meeres, der Erdbeben und der Pferde.

3-MINUTEN-PERSPEKTIVEN
Als Strafe für ihre Zwietracht zwang Zeus Poseidon und Apollon, dem König Laomedon von Troja zu dienen. Laomedon befahl ihnen, die massiven Mauern Trojas zu errichten, verweigerte ihnen aber später den versprochenen Lohn. Um die Trojaner zu bestrafen, entsandte Poseidon ein großes Seeungeheuer gegen die Stadt. Herakles tötete es und gewann so Laomedons Tochter. Poseidon war der göttliche Feind des Odysseus, nachdem dieser seinen Sohn, den Kyklopen Polyphem, hatte erblinden lassen. Poseidon verhinderte Odysseus' Heimkehr nach Ithaka um zehn Jahre.

VERWANDTE MYTHEN
Andere mythologische Wassergötter sind der ägyptische *Nun* und die babylonische *Tiamat*.

3-SEKUNDEN-BIOGRAFIEN
POLYPHEM
Ein Kyklop, Sohn von Poseidon
s. Seite 68

ODYSSEUS/ULYSSES
Griechischer Held, berühmt für seine Intelligenz
s. Seite 102

THESEUS
Held von Athen, Sohn von Poseidon
s. Seite 106

30-SEKUNDEN-TEXT
Barry B. Powell

Der Gott des Meeres hat – wie sein Bruder Zeus – unzählige Liebschaften. Sein Zeichen ist der Dreizack.

HEPHAISTOS/ VULCANUS

30-Sekunden-Mythologie

Hephaistos wird entweder als

Sohn von Zeus und Hera oder nur als Kind Heras dargestellt. Nach letztgenannter Überlieferung empfing seine Mutter ihn, um sich an ihrem Mann zu rächen, der Athene geboren hatte. In manchen Fassungen war es Hephaistos, der die Geburt der Athene erleichterte, was beweist, dass Mythen anpassungsfähig sind. Was aber war der Grund für die Lähmung des Hephaistos? Entweder führte Heras Entsetzen über die Geburt eines behinderten Kindes dazu, dass sie ihn vom Olymp schleuderte, oder es war der Sturz selbst, der seine Behinderung verursachte. Wegen seiner Lähmung war Hephaistos aus dem Olymp verbannt; viele der übrigen Götter wünschten sich allerdings Dinge, die er mit seiner einzigartiger Begabung erschaffen konnte. Er stattete die Götter mit verschiedenen Waffen und anderen Attributen aus und half einzelnen Olympiern aus bedrohlichen Situationen. Als etwa Athene, noch vor ihrer Geburt erwachsen, im Kopf des Zeus feststeckte, war es die Axt des Hephaistos, die sie befreite. Durch seine handwerkliche Kunst konnte er manche Situationen zum eigenen Vorteil wenden: so wurde etwa seine untreue Frau Aphrodite mit ihrem Liebhaber Ares in einem Netz gefangen, dass so zart war, dass es nahezu unsichtbar schien.

3-SEKUNDEN-ÜBERBLICK
Hephaistos – gleichbedeutend mit dem römischen Gott Vulcanus – war der Schmied der Götter, dessen Kunstfertigkeit unübertroffen war.

3-MINUTEN-PERSPEKTIVEN
Neben der Erschaffung solch wundersamer, unzerstörbarer Objekten wie der Aigis der Athene, des Schultergürtels der Aphrodite, und des Schildes des Achilles schuf Hephaistos auch Kreationen, die lebensecht anmuteten. Er formte auch bestimmte Menschen, unter ihnen Pandora – die erste Frau – und Erichthonios, dank dessen die Athener den Status als »Kinder des Hephaistos« beanspruchen konnten.

VERWANDTE MYTHEN
Hephaistos hat Charakterzüge mehrerer schlauer Götter, die oft als »Schwindler« bezeichnet werden, wie etwa der *Enki* der Sumerer und mehrere Götter der amerikanischen Ureinwohner.

3-SEKUNDEN-BIOGRAFIEN
ZEUS/JUPITER
König des Olymp, Himmelsgott
s. Seite 32

HERA/JUNO
Königin der Götter, Gemahlin des Zeus/Jupiter
s. Seite 34

APHRODITE/VENUS
Göttin der Liebe und Schönheit
s. Seite 50

ATHENE/MINERVA
Göttin der Weisheit, der Kriegskunst und der Gerechtigkeit
s. Seite 52

30-SEKUNDEN-TEXT
Susan Deacy

Der für seine handwerkliche Kunst bekannte Hephaistos ist mit der Liebesgöttin Aphrodite verheiratet.

ARES/MARS

30-Sekunden-Mythologie

Der Name des römischen Gottes

Mars mag dieselben Wurzeln haben wie der des Ares, des griechischen Kriegsgottes; doch Mars stand für Heldenmut, Ares dagegen für die Gewalt und den Blutrausch des Krieges. Ares unterschied sich also von Athene, die eher für Taktik und Strategie stand. Ares war zugleich der Gegenpol zu Aphrodite, der Göttin der Liebe. Und dennoch waren sie ein Liebespaar, auch wenn sie mit dem gelähmten Gott Hephaistos verheiratet war, den sie verachtete. Der Sonnengott Helios sah alles mit an und berichtete Hephaistos von der Affäre; der Gott der Schmiedekunst schuf eine Falle – ein Netz aus hauchdünnen Goldfäden, das er über dem Liebeslager aufhing. Er gab vor, nach Lemnos zu reisen, kehrte jedoch bald zurück und überraschte Aphrodite mit Ares. Er löste die Falle aus und das Netz umschloss die nackten Götter. Alle männlichen Olympier kamen, um das Spektakel zu sehen und zu spotten, aber die Göttinnen hielten sich aus Anstand fern. Letztendlich wurden das Liebespaar befreit. Ares kehrte nach Thrakien heim, und auch Aphrodite reiste in ihre Heimat Paphos auf Zypern. Deimos (»Schrecken«) und Phobos (»Furcht«) waren die Kinder von Ares und Aphrodite. Heute tragen zwei Monde des Planeten Mars ihre Namen.

3-SEKUNDEN-ÜBERBLICK
Einer der Olympier, Ares (»Kampf« oder »Fluch«), war nicht nur der Gott des Krieges, sondern auch der Gewalt und des Blutrausches, woran er Vergnügen fand.

3-MINUTEN-PERSPEKTIVEN
Ares stellte sich im Trojanischen Krieg auf die Seite der Trojaner. Doch trotz all seiner Macht – er drang in den Körper des Hektor ein und drängte die griechischen Truppen fast im Alleingang zurück – war er nicht in der Lage, Troja den Sieg zu sichern. In seinem Buch *Das Unbehagen in der Kultur* wertet Freud Liebe und Krieg (Aggression) als die wichtigsten Triebkräfte des Menschen – so gegensätzlich wie Aphrodite und Ares.

VERWANDTE MYTHEN
Der altnordische Kriegsgott *Tyr* war Ares ähnlich. Von seinem Namen leitet sich unser »Donnerstag« ab. In seiner Kampfkunst wurde er jedoch von *Odin*, oder *Wotan*, dem obersten altnordischen Gott, der Zeus entspricht, überboten.

3-SEKUNDEN-BIOGRAFIEN
HEPHAISTOS/VULCANUS
Gott der Handwerkskunst, Schmied der Götter
s. Seite 38

APHRODITE/VENUS
Göttin der Liebe und Schönheit
s. Seite 50

30-SEKUNDEN-TEXT
Barry B. Powell

Die Kampfeslust des Ares steht im Gegensatz zu Aphrodites' Hingabe an Liebe und Schönheit; und doch sind beide ein Paar.

APOLLON

30-Sekunden-Mythologie

Der ewig jugendliche Apollon war

der Sohn des Zeus und der Leto und Zwillingsbruder der Artemis. Bevor er in die olympische Familie aufgenommen wurde, fürchtete man Apollon in allen Gegenden auf Erden und bei den Göttern. Nur auf Delos – einer schwimmende Insel, die man streng genommen nicht als »Festland« bezeichnen konnte – war man gewillt, seine Geburt zuzulassen. Wie zur Bestätigung einer Prophezeiung, dass er »mit Macht den Göttern sowie den sterblichen Menschen obherrschen« (*Homerische Hymnen an Apollon* 68–69) werde, spannte Apollon nach der Ankunft im Hause des Zeus seinen Bogen. Aus Angst verließen alle anderen Götter ihre Throne, bis Leto ihn entwaffnete.

Zu den Errungenschaften Apollons gehörte sein Sieg über den Python, eine Schlange, die einst Delphi bewachte. Dieser Ort wurde daraufhin zur Stätte seiner Verehrung. Als Reaktion auf die Beleidigung der mütterlichen Ehre übte Apollon gemeinsam mit seiner Zwillingsschwester Artemis Vergeltung. Als Niobe sich damit brüstete, fruchtbarer als Leto zu sein, töteten die beiden deren Kinder. Für manche Taten zog er Strafe auf sich. So etwa beraubte ihn Zeus für die Tötung der Kyklopen seiner Kräfte und ließ ihn ein Jahr lang das Vieh des Königs Admetos hüten.

3-SEKUNDEN-ÜBERBLICK
Apollon – gleichbedeutend mit dem Sonnengott Helios – war Schutzherr vieler Dinge, etwa der Dichtung, Weissagung, Musik, Medizin und der Seuchen.

3-MINUTEN-PERSPEKTIVEN
Apollon predigte ein maßvolles Leben, hielt sich aber selbst nicht immer daran. Mehrere Versuche, Mädchen die Unschuld zu rauben, schlugen fehl. Cassandra erhielt ihre Jungfräulichkeit genauso wie die Sibylle von Cumae; Daphne entging Apolls Bedrängnis, indem sie sich in einen Lorbeerbaum verwandelte. Trotz dieser Misserfolge war Apollon Vater mehrerer Kinder, darunter des Gottes der Heilkunst Asklepios (mit Koronis), des Hirten Aristaios (mit Kyrene) und des Ion, der aus der Vergewaltigung der Kreusa hervorging.

VERWANDTE MYTHEN
Die auffallendste Ähnlichkeit mit Apollon hat der nahöstliche hurritische Gott der Pest, *Aplu*.

3-SECOND BIOGRAPHY
ZEUS/JUPITER
König des Olymp, Himmelsgott
s. Seite 32

30-SEKUNDEN-TEXT
Susan Deacy

Dieser Gott der Musik, Gesundheit und der Sonne verbreitet zugleich Seuchen. Einige seiner Geliebten finden wie seine Feinde ein bedauernswertes Ende.

8. Jh. v. Chr.
Ist Homer bereits tätig?

750 v. Chr.
Homer verfasst die *Ilias*, später die *Odyssee* – beide vor Hesiod

2. Jh. v. Chr.
Die »konstante« Fassung beider Epen wird in Alexandria niedergeschrieben

15. Jh.
Homer wird in der italienischen Renaissance wiederentdeckt

1488
Erste Druckausgabe der *Ilias* und der *Odyssee*

1537
Erste deutsche Übersetzung der *Odyssee* durch Simon Schaidenreisser

1675–1676
Thomas Hobbes' Übersetzung beider Werke erscheint

1793
Die *Ilias* und die *Odyssee* werden von Johann Heinrich Voß übersetzt

1975
Die *Ilias* wird von Wolfgang Schadewaldt übertragen

2008
Neuübersetzung der *Ilias* durch Raoul Schrott

HOMER

Obwohl er zu den berühmtes- ten Dichtern der griechischen Antike gehört und Autor von zwei der einflussreichsten epischen Gedichte der westlichen Literatur ist – der *Ilias* und der *Odyssee* –, ist über Homer selbst wenig bekannt. Er wurde vermutlich auf der Insel Chios oder in Smyrna an der türkischen Küste geboren. Einer alten Überlieferung nach war er blind (in manchen Dialekten wird das Wort *omeros* mit Blindheit in Verbindung gebracht). Herodot war davon überzeugt, dass Homer 400 Jahre vor ihm gelebt haben muss, also etwa um 850 v. Chr. Andere Quellen berichten, dass Homer ein Augenzeuge (blind oder sehend) des Trojanischen Kriegs war, also müsste er im 12. Jh. v. Chr. gelebt haben. Die dritte Möglichkeit: es gab mehr als nur einen Homer, genauso wie es vielleicht mehr als nur einen Hesiod gegeben hat. Die Menschen des Altertums gingen stets von einer Einzelperson aus. Die neuzeitliche Vermutung verschiedener Autoren ist der kritischen Herangehensweise der Neuzeit geschuldet und betrifft viele antike Texte. Die Probleme der Autorenschaft von mehr als einem Werk sind allgemein bekannt, so etwa die vielen Briefe, die dem hl. Paulus zugeordnet werden. Ein namhafter Übersetzer Homers Werke, Samuel Butler, behauptete, Homer sei eventuell eine Frau gewesen.

Wenn die Gelehrten im 20. Jahrhundert auch meist zum antiken Standpunkt eines einzelnen Autors zurückkehrten, so erkennt doch jeder Leser, dass beide Werke unterschiedliche Sichtweisen der Götter und ihres Verhältnisses zu den Menschen widerspiegeln. Beiden Werken ist die Auffassung vom Ort der Götter und vom Schicksal im Leben der Menschen gemein. Beide Werke betonen die trostlose Atmosphäre im Hades. Zugleich bestätigen sie die Pflicht, die Toten zu bestatten. Zudem handeln beide Werke, besonders die *Ilias*, von Aristokraten und nicht von gewöhnlichen Griechen oder Trojanern.

Beide Epen wurden, wie alle antiken Werke, mündlich überliefert und erst später niedergeschrieben. Einige Wissenschaftler bleiben dabei, dass die Werke im 18. Jahrhundert v. Chr. standardisiert wurden; andere glauben, dass dies erst im 17. Jahrhundert v. Chr. geschah und die Texte im 16. Jahrhundert v. Chr. Schriftform annahmen. Das griechische Alphabet wurde im 18. Jahrhundert v. Chr. entwickelt. Die Epen können also nicht früher niedergeschrieben worden sein. Die *Ilias*, die die Anfänge und das letzte Jahr des Trojanischen Kriegs behandelt, wurde zweifellos vor der *Odyssee* verfasst, die von der Heimkehr des Odysseus nach Ende des Kriegs berichtet. Wer Homer jedoch war und wie viele Homers es womöglich gegeben hat, wird von Altertumswissenschaftlern bis heute diskutiert.

ARTEMIS/DIANA

30-Sekunden-Mythologie

3-SEKUNDEN-ÜBERBLICK
Artemis ist die jungfräu-
liche Göttin des Waldes, die
Homer als *potnia Therōn*
(»Beherrscherin des Wil-
des«) kennt. Sie wacht
über Jagd, Geburt und den
plötzlichen Tod von Frauen.

3-MINUTEN-PERSPEKTIVEN
Artemis war eine Verbündete
der Trojaner. Als der griechische König Agamemnon
in ihrem heiligen Wald einen
Hirsch erlegte und noch
damit prahlte, ein besserer
Jäger als Artemis zu sein,
forderte sie den Opfertod
seiner Tochter Iphigenie,
bevor sie den Winden ge-
statten würde, die Griechen
nach Troja zu bringen. Einer
Version zufolge ließ sie das
Mädchen in letzter Minute
durch ein Reh ersetzen, und
Iphigenie wurde auf die Krim
gebracht, um Artemis als
Priesterin zu dienen.

Bei den Römern findet Artemis

ihre Entsprechung in Diana. Sie war die grausame
Göttin der Jagd, der wilden Tiere, der Wildnis und
später auch des Mondes, zudem verantwortlich
für mysteriöse Todesfälle von Frauen. Ihre Eltern
waren Zeus und die Nymphe Leto; oft wird sie mit
Bogen und Pfeilen an der Seite ihres Zwillingsbruders
Apollon – ihrem ständigen Begleiter – dargestellt.

Hera, erzürnt über den Seitensprung des Zeus mit
Leto, gebot, dass die Untreue an keinem Ort der Welt
gebären könne, der »das Licht des Tages sah«. Delos,
im Zentrum der Kykladen, war eine schwimmende
Insel. Dort gebar die leidende Leto die Tochter
Artemis, die sogleich Hilfe bei der Geburt ihres
Bruders leistete. Somit wurde sie als Beschützerin
der Gebärenden erkannt. Als Artemis ein Bad nahm,
erblickte sie der Jäger Aktaion nackt. Beschämt und
gekränkt verwandelte sie ihn in einen Hirsch. Ak-
taions eigene Hunde erkannten ihren Herren nicht
und rissen ihn in Stücke.

Niobe dachte, sie sei besser als Leto, weil sie
sieben Knaben und sieben Mädchen zur Welt gebracht hatte, wohingegen Leto doch nur Mutter
von Artemis und Apollon war. Als Erwiderung tötete
Apollon ihre Söhne mit seinen Pfeilen, und Artemis
erschoss ihre Töchter. Die am Boden zerstörte Niobe
wurde zu einem Stein, der angeblich noch heute in
den Bergen der westlichen Türkei weint.

VERWANDTE MYTHEN
Die thrakische Göttin *Bendis*,
ebenso Göttin des Mondes und
der Jagd, wird mit Artemis und
Diana in Verbindung gebracht.

3-SEKUNDEN-BIOGRAFIEN
APOLLON
Gott der Weissagung und
der Sonne
s. Seite 42

AKTAION
Jäger, der Artemis nackt sah
s. Seite 134

30-SEKUNDEN-TEXT
Barry B. Powell

*Artemis ist Schwester
des Apollon und Göttin
der Jagd. Anders als die
meisten Olympier lebt
sie keusch.*

DEMETER/CERES

30-Sekunden-Mythologie

Die Tochter von Kronos und Rhea

war eine der ersten Olympier. Demeter (»Mutter Erde«) wachte über Ernte, Fruchtbarkeit und Geburt. Ihre Tochter Persephone (die römische Proserpina) wurde von Hades entführt und zur Königin der Unterwelt. In ihrem Kummer unterband Demeter alles Wachstum auf Erden.

Bei der Suche nach ihrer Tochter verkleidete sie sich als alte Frau. Sie verbrachte einige Zeit in Eleusis, wo sie versuchte, dem Sohn des Königs, Demophon, Unsterblichkeit zu verleihen. Dieser Versuch jedoch misslang. Sie setzte ihre Suche fort, bis sie Persephone fand und deren Freilassung forderte. Zeus unterbreitete den Kompromiss, Persephone möge einen Teil des Jahres mit Demeter, einen anderen mit Hades verbringen; darin liegt die mythologische Begründung für den Wechsel der Jahreszeiten. In den Mysterien von Eleusis (geheimen Initiationsriten) wurden Demeter und Persephone als Göttinnen, die den Übergang zwischen Leben und Tod erleichtern, verehrt. Obwohl sie gewöhnlich als gutmütig galt, konnte sie auch grausam sein, wenn sie beleidigte wurde. Als Erysichthon in ihrem Wald Bäume fällte, bestrafte ihn Demeter mit unstillbarer Fressgier. Er aß und aß, war aber nie gesättigt.

3-SEKUNDEN-ÜBERBLICK
Demeter, den Römern unter dem Namen »Ceres« bekannt, ist die Göttin der Ernte und Fruchtbarkeit. Sie wird als zweite Göttin der Erde angesehen.

3-MINUTEN-PERSPEKTIVEN
Demeter hatte kein Glück in der Liebe. Nach einer Nacht mit Zeus brachte sie Persephone zur Welt, aber als Demeter sich in Jason verliebte und ihm einen Sohn gebar, tötete Zeus Jason aus Eifersucht. Demeters Probleme setzten sich bei ihrer Suche nach Persephone fort. Sie wurde von ihrem Bruder Poseidon verfolgt, und als sie sich in ein Pferd verwandelte, um zu fliehen, wurde Poseidon zum Hengst. So kam es zur Geburt des unsterblichen Wunderpferdes Areion.

VERWANDTE MYTHEN
Um Adonis kämpften die Götter ebenfalls – besonders die Göttinnen –, und Zeus musste das Sorgerecht zusprechen. Figuren von Urmüttern kommen in vielen Mythologien vor – von *Isis* in Ägypten bis zu *A'akuujjusi* der Inuit.

3-SEKUNDEN-BIOGRAFIEN
ZEUS/JUPITER
König des Olymp, Himmelsgott
s. Seite 32

POSEIDON/NEPTUN
Gott des Meeres und der Pferde
s. Seite 36

DIONYSOS/BACCHUS
Gott des Weins und Theaters, Sohn von Zeus
s. Seite 56

HADES
Die Unterwelt und der Name ihres Herrschers
s. Seite 82

30-SEKUNDEN-TEXT
Emma Griffiths

Demeter ist eine der Erdmütter, deren jährliche Trennung von ihrer Tochter den Wechsel der Jahreszeiten erklärt.

APHRODITE/VENUS

30-Sekunden-Mythologie

Aus dem brodelnden Schaum, der sich um die Genitalien des Uranos sammelte, die im Meer trieben, nachdem er von seinem Sohn Kronos entmannt worden war, entstieg Aphrodite, die »Schaumgeborene« (gr. *aphros* bedeutet Schaum) – eine schöne junge Frau, von einer Muschel getragen. Einer alternativen Fassung zufolge war sie die Tochter von Zeus und Dione, einer Inkarnation der Erdgöttin. Aphrodite kann entweder als Ursprung oder als Gestalt der überwältigenden und oft destruktiven Macht der Liebe interpretiert werden. Als Zeus erkannte, welche Schwierigkeiten ihre Schönheit bereiten würde, verheiratete er sie mit dem hässlichen und lahmen Hephaistos, der – eher widersinnig – für sie einen magischen, mit Juwelen besetzten Gürtel schuf und sie so noch unwiderstehlicher machte. Aphrodite ging unbedacht Liebesbeziehungen mit Göttern und Sterblichen ein. Sie genoss ihre Liebschaften mit dem sterblichen Prinz Anchises von Troja, die zur Geburt von Aineias führte, und mit dem Gott Hermes, aus der Hermaphroditos entsprang. Sie hatte eine lange Tändelei mit Adonis. Ihre längste Liebesbeziehung währte mit Ares (Mars), dem Sie Eros gebar – den Gott der sexuellen Leidenschaft, dessen wahllos verschossene Pfeile die Launenhaftigkeit und Schmerzhaftigkeit der Liebe erklären.

3-SEKUNDEN-ÜBERBLICK
Aphrodite war die griechische Göttin der Liebe, Schönheit und Harmonie. Die Römer kannten sie unter dem Namen Venus.

3-MINUTEN-PERSPEKTIVEN
Das beste Beispiel für eine Einmischung Aphrodites in das Schicksal der Sterblichen findet sich im Vorfeld des Trojanischen Krieges. Aphrodite, Athene und Hera wetteiferten darum, wer die Schönste sei. Zeus lehnte ein Urteil ab; stattdessen zwang er Paris, den Prinzen von Troja, die Entscheidung zu treffen. Alle drei wollten sich seine Stimme erkaufen. Aphrodite gewann ihn für sich mit dem Verprechen, er würde die schönste Frau der Welt bekommen. Nach ihrem Sieg gab Aphrodite ihm Helena, die bereits mit dem griechischen König Menelaos verheiratet war. Ein Krieg gegen Troja war nun unvermeidbar.

VERWANDTE MYTHEN
Entsprechungen der Aphrodite sind die Göttinnen *Astarte* (phönizisch), *Hathor* (ägyptisch), *Inanna* (babylonisch), *Ishtar* (mesopotamisch) und *Freya* (altnordisch).

3-SEKUNDEN-BIOGRAFIEN
ZEUS/JUPITER
König des Olymp, Himmelsgott
s. Seite 32

HERA/JUNO
Königin der Götter, Gemahlin des Zeus/Jupiter
s. Seite 34

HEPHAISTOS/VULCANUS
Gott der Handwerkskunst, Schmied der Götter
s. Seite 38

ARES/MARS
Kriegsgott, Sohn von Zeus und Hera
s. Seite 40

30-SEKUNDEN-TEXT
Viv Croot

Die Göttin der Liebe, Schönheit, sinnlichen Leidenschaft und der Zeugung verführt Götter genauso wie Sterbliche.

ATHENE/MINERVA

30-Sekunden-Mythologie

3-SEKUNDEN-ÜBERBLICK
Athene – gleichbedeutend
mit der römischen Göttin
Minerva – ist Kriegerin,
Schutzherrin von Städten,
Mutter, Künstlerin, Helferin
von Helden und Erfinderin
in einem.

3-MINUTEN-PERSPEKTIVEN
Athene war Gönnerin so
vieler Helden, dass man
meinen könnte, es sei gleich-
sam eine Voraussetzung
gewesen, sie auf seiner
Seite zu haben, um ein Held
werden zu können. Eine
Reihe von Männern – unter
ihnen Herakles, Perseus,
Odysseus und Jason –
standen unter ihrem Schutz.
Ihr Zorn war gleichermaßen
wirkungsvoll; die Griechen
stellten dies fest, als es
ihnen nach der Plünderung
Trojas misslang, den lokri-
schen Ajax für die Ver-
gewaltigung Kassandras vor
dem Altar der Athene, dem
Palladium, zu bestrafen.

Sie wurde als ›Nebenprodukt‹

von Zeus geboren. Dieser wollte seinen Thron
sichern, nachdem er erfahren hatte, dass ihn der
Sohn seiner ersten Frau Metis stürzen werde. Athene,
in Zeus verborgen, wurde durch einen Axtschlag
des Hephaistos – in manchen Versionen führte
Prometheus den Schlag – befreit und entsprang erwachsen dem Haupt des Gottes. Zum Erstaunen
der versammelten Götter trug sie einen funkelnden
Panzer.

Der gesamte Kosmos stürzte ins Chaos, doch
Athene stellte die Ordnung wieder her. Sie ergriff von
ihrer Lieblingsstadt Athen Besitz, nachdem deren Bewohner ihrem Geschenk – dem ersten Olivenbaum
– vor der Salzquelle ihres Rivalen Poseidon den Vor-
zug gegeben hatten. Ihre Beziehung zu Athen wurde
durch ihre Hilfe nach der Geburt des Erichthonios,
einem angestammten Helden der Stadt, bestärkt.

Als sie zu Hephaistos stieg, um ihn zu bitten,
Waffen zu fertigen, bedrängte sie dieser. Während
ihres Kampfes fiel der Samen des Hephaistos zu
Boden, und ein Kind, Erichthonios (»bodenständig«),
entsprang der befruchteten Erde. Gaia, die Erdgöttin,
übergab das Kind Athene, die es erzog. Athene
wird eine Vielzahl von Erfindungen zugeschrieben,
darunter die Flöte, das Schiff, die Pferdetrense, der
Pflug und der Streitwagen.

VERWANDTE MYTHEN
Athene ist mit anderen Kriegs-
göttinnen verwandt, darunter
auch mit der hethitischen
Sonnenkönigin *Arinna* und der
hinduistischen Göttin *Durga*.

3-SEKUNDEN-BIOGRAFIEN
ZEUS/JUPITER
König des Olymp, Himmelsgott
s. Seite 32

HERAKLES/HERKULES
Griechischer Held mit un-
geheurer Stärke
s. Seite 96

ODYSSEUS/ULYSSES
Griechischer Held, berühmt
für seine Intelligenz
s. Seite 102

PERSEUS
Griechischer Held, der die
Medusa tötete
s. Seite 108

30-SEKUNDEN-TEXT
Susan Deacy

*Die Kriegerin Athene
ist Schutzherrin zahl-
reicher Städte und
vieler Helden.*

HERMES/MERKUR

30-Sekunden-Mythologie

Der Götterbote war strahlend,

verwegen und vital– so wie jenes flüssige Metall, dem sein (römischer) Name zuteil wurde. Hermes verkehrte dank der Flügel seines breitkrempigen Hutes und seiner Sandalen zwischen Olymp und Erde. Sein Heroldsstab (Caduceus) war von zwei einander anblickenden Schlangen umwunden, und er überbrachte den Sterblichen die Nachrichten seines Vaters Zeus. Mitunter brachte er Hilfe, etwa als er Odysseus das magische Kraut zeigte, dass ihn vor dem Zauber Kirkes bewahrte. Oder er überbrachte göttliche Gebote, wie das an Aineias, Dido zu verlassen und Rom als seine zukünftige Residenz zu errichten. Als Schwätzer, Händler, Reisender, Schwindler und Dieb wachte Hermes über alle Arten des Austauschs und der Kommunikation. Seine Wortgewandtheit machten ihn zum Schutzherrn von Schriftstellern und Rednern, Akademikern und Diplomaten. Er hütete den Warenverkehr der Händler und Diebe (die nach Ansicht der alten Griechen nicht ganz unähnlich waren) und beschützte Reisende und Grenzgänger. Überquerte er die Grenze zwischen Himmel und Erde, so überschritt er zugleich die Schwelle zwischen Leben und Tod. Als Psychopompos (oder Seelengeleiter) führte er die Seelen der Verstorbenen in den Hades; selten begleitete er sie aus dem Hades hinaus. In hellenistischer Zeit stand sein Name für Weisheit, woraus sich der Fachbegriff »Hermeneutik« als die Lehre von den Grundsätzen der Auslegung herleitet.

3-SEKUNDEN-ÜBERBLICK
Hermes war der leichtfüßige, langfingrige und schmeichlerische Götterbote, den die Römer unter dem Namen Merkur kannten.

3-MINUTEN-PERSPEKTIVEN
Die Homerische Hymne an Hermes feiert den Gott als Wunderkind. Als er gerade einen Tag alt war, sprang er aus seiner Wiege und stahl seinem Halbbruder Apollon eine Viehherde. Letzteren überzeugten die Beteuerungen des Hermes nicht, er sei nur ein unschuldiges Kind. Doch dieser beschwichtigte Apollon mit dem Geschenk eines Instruments, dass er gerade erst erfunden und aus einem Schildkrötenpanzer gefertigt hatte – einer Lyra.

VERWANDTE MYTHEN
Hermes und der ägyptische Gott *Thot* sind in der Figur des weisen Hermes Trismegistos verschmolzen. Der keltische *Ogmios* ist ein Gott der Redegewandtheit und gleichfalls ein Psychopompos.

3-SEKUNDEN-BIOGRAFIEN
ZEUS/JUPITER
König des Olymp, Himmelsgott
s. Seite 32

APOLLON
Gott der Sonne, Musik und Dichtkunst
s. Seite 42

HADES
Die Unterwelt und der Name ihres Herrschers
s. Seite 82

ODYSSEUS/ULYSSES
Griechischer Held, berühmt für seine Intelligenz
s. Seite 102

30-SEKUNDEN-TEXT
Geoffrey Miles

Der leichtfüßige Sohn des Zeus ist mehr als nur ein Bote. Er ist das erste »merkuriale« Genie.

DIONYSOS/BACCHUS

30-Sekunden-Mythologie

Dieser Gott wurde gleichermaßen

mit Wein, Ekstase, Geselligkeit, Mysterienkult und dem Tod assoziiert. Klassische dionysische Mythen übermitteln die Freude eines Gottes, der den Beinamen »der Befreier« (Eleutherios) erhielt. Unter ihm eilten die Frauen in die Bergwälder, während sich die Männer der Wollust hingaben. Die vielen verhängnisvollen Versuche, Dionysos zu widerstehen, werden in der Bestrafung des Pentheus, eines Cousins des Dionysos, erkennbar, der von Mutter und Tanten in Stücke gerissen wurde. So wurden auch die Töchter des Minyas selbst, die an ihren Webstühlen verharrten, obwohl die anderen Frauen Böotiens im bacchischen Rausch in die Bergwälder eilten, derart vom dionysischen Wahn heimgesucht, dass sie nach einzelnen Überlieferungen eines ihrer Kinder zerfleischten. Über das eigene Tun bestürzt, irrten sie umher, bis Dionysos sie in Fledermäuse verwandelte.

Als der »zweimal geborene« Gott wurde Dionysos dem Leib der Semele entrissen, als sie der Blitz des Zeus traf. Der Fötus wurde in den Oberschenkel des Göttervaters eingepflanzt; aus ihm wurde Dionysos schließlich geboren. Erneut kam er zur Welt, nachdem ihn die Titanen zerrissen hatten: Athene ließ aus seinem noch schlagenden Herzen einen neuen Dionysos erstehen.

3-SEKUNDEN-ÜBERBLICK
Dionysos, der »schrecklichste und sanftmütigste Gott der Menschheit«, hat, im Gegensatz zu den meisten anderen antiken Göttern, als Umschreibung eines menschlichen Wesenszugs überlebt.

3-MINUTEN-PERSPEKTIVEN
Die Geschichten des 19. Jahrhunderts über die Ankunft des Dionysos aus dem Osten sollte eine plausible Erklärung dafür liefern, dass die Griechen eine Gottheit verehrten, die im vermeintlichen Widerspruch zu Rationalität stand, für die die Griechen berühmt waren. Seit der Entdeckung eines Wesens mit Namen DI-WO-NI-SO-JO in den mykenischen Linear B-Texten ist klar, dass seine Anbetung mindestens bis in die Bronzezeit zurückreicht.

VERWANDTE MYTHEN
Die ambivalente Herkunft des Dionysos und seine Verbindung zu Wein und Mysterienopfer, von Tod und Wiedergeburt, lassen gewisse Parallelen zur Gestalt Jesu aufscheinen.

3-SEKUNDEN-BIOGRAFIEN
DIE TITANEN
Kinder von Gaia und Uranos
s. Seite 24

ZEUS/JUPITER
König des Olymps, Himmelsgott
s. Seite 32

HEPHAISTOS/VULCANUS
Gott der Handwerkskunst, Schmied der Götter
s. Seite 38

ATHENE/MINERVA
Göttin der Weisheit, der Kriegskunst und der Gerechtigkeit
s. Seite 52

30-SEKUNDEN-TEXT
Susan Deacy

Vom Wein über die Ekstase zum Tod – die vielen Zuständigkeiten des Dionysos könnten seine anhaltende Attraktivität erklären.

UNGEHEUER

Aigis Ein weites, zeremonielles Gewand (oft auch ein Schild), mit dem gezeigt wurde, dass eine göttliche Kraft seinen Träger schützt. Die Aigis geht zurück auf die alten Zivilisationen der Nubier und Ägypter. In der griechischen Mythologie werden Zeus und Athene jeweils mit einer Aigis beschrieben, die von Hephaistos, dem göttlichen Meister der Handwerkskunst, gefertigt wurde. Heute bedeutet dieses Wort »Schutz«; von ihm kommt die Redewendung »unter jemandes Ägide« stehen.

Argonauten Die Argonauten waren eine Gruppe heldenhafter Abenteurer, benannt nach ihrem Schiff, der *Argo*, auf dem sie mit Jason auf der Suche nach dem Goldenen Vlies nach Kolchis, einer Landschaft am Schwarzen Meer, fuhren. Die Zahl der Argonauten variiert von Quelle zu Quelle, am häufigsten aber liegt sie bei etwa 50 Mann; unter ihnen befanden sich einige bekannte antike Helden, etwa Herakles, Orpheus und Theseus.

Chimäre Ein griechisches mythologisches Ungeheuer mit dem Körper einer Löwin, einem Schwanz, der in einem Schlangenkopf endet, und einem Ziegenhals, der aus dem Rücken emporragt. Das Ungeheuer, das Feuer spucken konnte, wurde meist weiblich dargestellt. Laut Hesiod war es ein Abkömmling Echidnas.

Kyklopen Die Sammelbezeichnung für eine Gruppe einäugiger Giganten, die in der griechischen Mythologie zu verschiedenen Zeiten auftauchen. Laut der *Theogonie* des Hesiod waren die Kyklopen die Kinder des Uranos und der Gaia, die Zeus den Blitz überreichten, der den Olympiern den Sieg über die Titanen einbrachte. Der Kyklop Polyphem, Sohn des Poseidon, erlag der berühmten List des Odysseus.

Labyrinth In der griechischen Mythologie eine besonders komplexe Anordnung von Gängen. Entworfen wurde es von Daidalos im Auftrag des Königs Minos von Kreta und diente als Gefängnis für den Minotauros – einem Menschen mit Stierkopf. Der Ort des Labyrinths ist nicht bekannt, aber manche glauben, dass es möglicherweise bei der Palastanlage von Knossos gelegen haben könnte; diese Theorie wurde durch den Bericht eines Reisenden beflügelt, der den komplizierten Grundriss des Palasts beschrieb.

Metamorphose Die Verwandlung eines Objekts in ein anderes. In der Mythologie wird meist ein Mensch zu einem Tier oder einer Pflanze. Die Mythologie der griechischen Antike ist voller Metamorphosen. Entweder werden diese wissentlich von einem Gott oder einer Göttin vollzogen, um ein persönliches Ziel zu erreichen: Zeus nahm etwa die Gestalt eines Schwans an, um Leda zu verführen. Oder die Verwandlung wurde einem Sterblichen als Form der Bestrafung auferlegt: so verwandelt Artemis Aktaion in einen Hirsch. Heute geht man davon aus, dass mythische Metamorphosen in frühen Religionen dazu dienten, die Verwandlung zwischen den Spezies zu erklären.

Unterwelt Ein allgemeiner Begriff, der die Orte unterhalb der Erdoberfläche umfasst. Die Beschreibungen variieren von Quelle zu Quelle. Grundsätzlich gehören zur Unterwelt der Tartaros, das kosmische Gefängnis der Titanen und der schlechtesten Menschen (vor allem jener wie Tantalos und Sisyphos, die die Götter beleidigt hatten), der Hades (oder Erebos), wohin die Sterblichen nach ihrem Tod gelangten, und laut Vergil das Elysion (die Elysischen Gefilde), der Ruheplatz der Helden. Der bedeutendste Fluss der Unterwelt, der die Lebenden von den Toten trennt, ist der Styx, der berühmteste ist jedoch der Acheron, über den Charon mit seiner Fähre die Seelen der Verstorbenen ins Jenseits bringt.

DER MINOTAUROS

30-Sekunden-Mythologie

Selten wird er bei seinem Namen

Asterion (der »Sternenkönig«) genannt. Er war das Ergebnis der Überheblichkeit des König Minos. Während des brüderlichen Machtkampfs um den Thron von Kreta wandte sich Minos an Poseidon. Der Gott sandte ihm einen weißen Stier aus dem Meer, den Minos opfern sollte. Das Tier war jedoch so prächtig, dass der König es für sich selbst behielt und dafür ein Tier von geringerem Wert opferte. Aus Rache bat Poseidon Aphrodite, dafür zu sorgen, dass sich Minos' Frau Pasiphae hoffnungslos in den Stier verliebe, was auch geschah. Sie befahl Daidalos, eine Holzkuh zu bauen, in die sie hineinschlüpfen konnte, um sich ihrer Leidenschaft mit dem Stier hinzugeben. Sie stillte ihren aus dieser Beziehung hervorgehenden stierköpfigen Sohn, den Minotauros. Als das Kind jedoch zu wild wurde, befahl Minos Daidalos, ein Labyrinth zu errichten, um den Minotauros darin gefangen zu halten. Politische Intrigen versetzten Minos in die Lage, von Aigeus, dem König Athens, Tribut zu fordern – er sollte ihm Jungfern und Jünglinge überlassen, um den Minotauros zu füttern. Drei Jahre später meldete sich der Held Theseus aus Athen freiwillig als Teil des Tributs. Mit der Hilfe von Ariadne, der Tochter des Minos, bekämpfte und tötete er den Minotauros, trennte dessen Kopf ab und entkam dank eines Fadenknäuels dem Labyrinth.

VERWANDTE MYTHEN
In der klassischen japanischen Literatur ist der *Ushi-oni* ein Dämon mit Stierkopf. Er erscheint in unterschiedlicher Gestalt, meist als gehörntes Ungeheuer.

3-SEKUNDEN-BIOGRAFIEN
POSEIDON/NEPTUN
Gott des Meeres und der Pferde, Bruder des Zeus
s. Seite 36

APHRODITE/VENUS
Göttin der Liebe und Schönheit
s. Seite 50

THESEUS
König und Gründer von Athen
s. Seite 106

30-SEKUNDEN-TEXT
Viv Croot

Der nur durch Opfergaben zu besänftigende Minotauros verbreitet Angst und Schrecken, bis er von Theseus getötet wird.

MEDUSA & DIE GORGONEN

30-Sekunden-Mythologie

Die Geschichte der Medusa nahm

ihren Anfang, als sie mit Poseidon in einem »verbotenen« Palast, der entweder ein Tempel der Athene oder eine Blumenwiese war – derartige Orte stehen in der Mythologie oft für Verführung –, den Liebesakt vollzog. Zur Strafe für dieses sexuelle Vergehen verwandelte Athene Medusa, die eine junge Frau mit wunderschönem Haar war, in ein Ungeheuer mit Schlangen statt Haar, spitzen Zähnen, einem Bart, einer heraushängenden Zunge, Flügeln und einem Blick, der so furchtbar war, dass er einen Menschen in Stein verwandeln konnte. Aber diese Metamorphose konnte Athenes Zorn noch nicht stillen. Als Perseus auf den Kopf der Gorgone aus war, half Athene ihm, das schlafende Ungeheuer zu enthaupten. Die sterbliche Medusa (»die Listige«) hatte zwei unsterbliche Schwestern, wie sie von grässlichem Aussehen – Steno (»die Mächtige«) und Euryale (»die weit Springende«). Gemeinsam mit Medusa waren sie Töchter der urweltlichen Meeresgötter Phorkys und Keto. Es hieß, sie hausten am äußersten Ende der Welt in den Strömen des Okeanos.

3-SEKUNDEN-ÜBERBLICK
Medusa ist eigentlich eine schöne Frau, die in eine der drei Gorgonen – die abscheulichsten und furchterregendsten Ungeheuer der Antike – verwandelt wird.

3-MINUTEN-PERSPEKTIVEN
Perseus war nicht nur der Mörder der Medusa, sondern auch ihr Geburtshelfer. Während der gesamten Zeit, in der sie ihr Dasein als Ungeheuer fristete, war sie mit den Kindern Poseidons schwanger. Diese Kinder – der Krieger Chrysoar und das geflügelte Pferd Pegasos – konnten nicht befreit werden, bis Perseus Medusa enthauptet hatte. Nach verschiedenen Abenteuern zeigte Perseus den Kopf Athene, die ihn auf ihren Aigis setzte.

VERWANDTE MYTHEN
Die herausgestreckte Zunge in den Beschreibungen der hinduistischen Göttin *Kali* gleicht den Zungen der Gorgonen.

3-SEKUNDEN-BIOGRAFIEN
POSEIDON/NEPTUN
Gott des Meeres und der Pferde, Bruder des Zeus
s. Seite 36

ATHENE/MINERVA
Göttin der Weisheit, der Kriegskunst und der Gerechtigkeit
s. Seite 52

PERSEUS
Griechischer Held, der die Medusa tötete
s. Seite 108

30-SEKUNDEN-TEXT
Susan Deacy

Die einst wunderschöne Medusa kränkt die Göttin Athene, die sie in eine abscheuliche schlangenköpfige Gorgone verwandelt.

KERBEROS

30-Sekunden-Mythologie

Kerberos hat einen imposanten

Stammbaum. Er war Nachkomme der zwei meist gefürchteten Ungeheuer – Echidna und Typhon – sowie Bruder der Hydra und der Sphinx. Kerberos war einer der Mischlinge, die in der antiken Kunst sehr beliebt waren: ein großer Hund mit vielen Köpfen – meist drei, aber mitunter auch fünfzig. All diese Köpfe waren von einer Mähne lebendiger Schlangen umgeben. Als Wachhund der Unterwelt schützte Kerberos die Grenze zwischen Leben und Tod und wehrte Helden, die sich zu Lebzeiten Zugang zur Unterwelt verschaffen wollten, ab. Trotz seiner Wildheit konnte Kerberos besiegt werden, wenn auch nur für kurze Zeit. Orpheus sang ihn in den Schlaf, als er versuchte Eurydike, heim zu holen, und Aineias und Theseus betäubten Kerberos mit vergiftetem Kuchen. Leider verging die Wirkung des Mittels, bevor Theseus wieder entfliehen konnte, und so war er bis zu seiner Rettung durch Herakles im Hades gefangen. Herakles ging weit furchtloser vor. Er überraschte Kerberos und rang ihn zu Boden. Ihn aus dem Hades heraufzubringen war eine der zwölf Arbeiten, die ihm Eurystheus aufgetragen hatte. Herakles brachte ihn nach Mykene, doch Eurystheus erschrak so sehr, dass er sich in einem großen Topf versteckte und Herakles befahl, Kerberos in den Hades zurückzubringen.

3-SEKUNDEN-ÜBERBLICK
Kerberos, ein monströser Hund mit vielen Köpfen, bewachte den Eingang zur Unterwelt; er hielt Tote und Lebende voneinander fern.

3-MINUTEN-PERSPEKTIVEN
Schlangen symbolisieren die Beziehung zwischen Leben und Tod. Medusa hatte anstatt ihrer Haare Schlangen, die Chimäre hatte den Schwanz einer Schlange, Echidna war halb Frau halb Schlange, und viele Charaktere erlagen dem Biss einer Schlange, wie auch Eurydike, die Frau des Orpheus.

VERWANDTE MYTHEN
Während Kerberos die Menschen an der Flucht aus dem Hades hindert, provoziert die Schlange im Garten Eden (Genesis 3) die Vertreibung der ersten Menschen aus dem Paradies.

3-SEKUNDEN-BIOGRAFIEN
HADES
Die Unterwelt und der Name ihres Herrschers
s. Seite 82

HERAKLES/HERKULES
Sohn von Alkmene und Zeus; nach seinem Tod wurde er ein Gott
s. Seite 96

THESEUS
König und Gründer von Athen
s. Seite 106

ORPHEUS
Versuchte seine Frau Eurydike aus dem Hades zu befreien
s. Seite 120

30-SEKUNDEN-TEXT
Emma Griffiths

Der vielköpfige Wächter der Unterwelt Kerberos ist Gegner vieler griechischer Helden.

POLYPHEM & DIE KYKLOPEN

30-Sekunden-Mythologie

Auf der Rückfahrt aus Troja kam

Odysseus mit seinen Begleitern in ein unbekanntes Land. Sie gelangten in eine Höhle, und kurz darauf kehrte ein Kyklop mit seiner Herde dorthin heim. Er verschloss den Eingang der Höhle mit einem großen Felsbrocken. Als der Kyklop namens Polyphem die Fremden fragte, wer sie seien, erklärte Odysseus, sie seien Griechen auf dem Heimweg aus Troja. Polyphem ergriff darauf einige Männer und verschlang sie. Die Griechen waren verzweifelt: selbst wenn sie den Riesen töten könnten, würden sie niemals den Felsen vor der Höhle bewegen können. Am nächsten Morgen verschlang Polyphem zwei weitere Männer. Am Abend fragte der Riese Odysseus nach seinem Namen, und Odysseus erklärte, sein Name laute »Niemand« . Nachdem der Kyklop eingeschlafen war, stachen ihm die Männer mit einem spitzen Pfahl das Auge aus. Polyphem erwachte und rief die anderen Kyklopen um Hilfe, wobei er stets wiederholte, dass Niemand ihn verletzt habe. Die anderen Kyklopen nahmen an, er sei verrückt geworden. Am nächsten Morgen trieb Polyphem seine Tiere auf die Weide und fuhr mit den Händen zwischen den Schafen umher, um sicher zu gehen, dass die Griechen nicht zu entkommen versuchten. Um nicht entdeckt zu werden, klammerten sich die Griechen unter die Bäuche der Schafe und entkamen so mit der Herde ins Freie.

3-SEKUNDEN-ÜBERBLICK
Polyphem, einer der einäugigen Riesen, die allgemein als Kyklopen bekannt sind, war der Sohn des griechischen Gottes Poseidon und der Seenymphe Thoosa.

3-MINUTEN-PERSPEKTIVEN
In der griechischen Mythologie gab es zwei verschiedene Gruppen von Kyklopen, die offensichtlich nicht miteinander in Beziehung standen. Zum einen gab es die Schmiede, die die Blitze für Zeus fertigten. Es waren drei Brüder, Söhne der Gaia (Erde) und des Uranos (Himmel). Zum anderen gab es die menschenfressenden Schafhirten, denen Odysseus auf seinem Heimweg aus Troja begegnete. Beide Kyklopengruppen waren Riesen mit einem einzigen Auge in der Mitte der Stirn.

VERWANDTE MYTHEN
Polyphem spielt die Rolle des »dummen Ungeheuers« oder des geistesschwachen Gegners, der von der Hauptfigur überlistet wird. Ein Beispiel für ein törichtes Ungeheuer im nordischen Mythos ist der Riese *Thrym*, der vom Gott *Thor* betrogen wird.

3-SEKUNDEN-BIOGRAFIEN
DER MINOTAUROS
Eine monströse Gestalt – halb Mensch, halb Stier
s. Seite 62

MEDUSA & DIE GORGONEN
Monströse weibliche Gestalten mit Schlangen als Haar
s. Seite 64

KERBEROS
Vielköpfiger Hund des Hades
s. Seite 66

30-SEKUNDEN-TEXT
William Hansen

Die rohe Gewalt des Polyphem kann sich nicht mit der Listigkeit des Odysseus messen.

20. März, 43 v. Chr.
Geburt in Sulmona, Italien

29–25 v. Chr.
Ausschließliche Be-
schäftigung mit Lyrik

25 v. Chr.
Erste persönliche
Rezitation

19 v. Chr.
Niederschrift der *Heroides*
(»Die Heldinnen«)

16–15 v. Chr.
Niederschrift der *Amores*
(» Die Liebenden«)

8–3 v. Chr.
Neugliederung der *Amores*

2 n. Chr.
Niederschrift der *Ars
Amatoria* (»Die Liebes-
kunst«) und der *Remedia
Amoris* (»Heilmittel gegen
die Liebe«)

8 n. Chr.
Niederschrift der *Meta-
morphoses*; Beginn der
Fasti

8 n. Chr.
Exil in Tomis (heute Con-
stanta, Rumänien)

9–12 n. Chr.
Niederschrift der *Tristia*

17/18 n. Chr.
Tod im Exil

1858
Metamorphoses, übersetzt
und erläutert von Reinhart
Suchier

OVID

Ovid (Publius Ovidius Naso) ist einer der meistgeliebten römischen Dichter. Zu Lebzeiten war er ungemein populär, und viele Schriftsteller des Mittelalters eiferten ihm nach.

Eines seiner bekanntesten Werke, das bis heute gelesen wird und eine zentrale Quelle der uns bekannten antiken Mythologie darstellt, sind die *Metamorphoses*, in denen Ovid 250 Mythen verarbeitet. Der Grundgedanke dieses Werks ist, dass alles im Kosmos vergänglich ist. Es existiert keine literarische Hauptfigur, und selbst die grobe chronologische Reihenfolge wird oft außer acht gelassen. Es gibt eine entscheidende Metamorphose: zu Beginn des Werks verhalten sich die Götter wie Menschen, und beinahe werden sie auch zu solchen. Im Gegenzug werden die Menschen am Ende zu Göttern. Dazwischen existieren fast ausnahmslos unglückliche Beziehungen, beflügelt von der Liebe und deren Scheitern – einerseits zwischen Göttern und Menschen, andererseits zwischen Menschen und ihresgleichen.

Wir wissen recht viel über Ovid, weil er uns viel über sich selbst erzählt. Der ausgebildete Jurist wandte sich im Alter von 19 Jahren der Lyrik zu. Er war ein Freund des Horaz und entfernt auch des Vergil und wurde zum Meister des elegischen Distichons (einer Form der Lyrik).

Sein erstes großes Werk, die *Heroides* (*»Die Heldinnen«*), ist eine Sammlung fiktiver Liebesbriefe mystischer Heldinnen an ihre nichtsnutzigen, abwesenden oder durchgebrannten Liebhaber. Es folgten die *Amores* (*»Die Liebenden«*), eine Reihe amouröser Briefe an eine erdachte Geliebte, Corinna. Sein größter Erfolg war aber zweifellos die *Ars Amatoria* (*»Die Liebeskunst«*) in drei Bänden, eine Anleitung zu Liebe, Verführung und dem Liebesakt für beide Geschlechter. Später verfasste Ovid die Fortsetzung *Remedia Amoris* (*»Heilmittel gegen die Liebe«*). Außerdem existiert ein Fragment über *Medicamina Faciei Feminae* (*»Behandlungen für die Gesichter der Frauen«*), das wohl erste Buch mit Schönheitstipps für Frauen überhaupt.

Die *Metamorphoses* wurden 8 n. Chr. fertiggestellt, kurz bevor Augustus Ovid ans Schwarze Meer ins Exil schickte. Vielleicht traf ihn die Verbannung, weil er einen gewissen Enthusiasmus für den Ehebruch zu einer Zeit an den Tag legte, als Rom zur Monogamie aufrief. Vielleicht aber gab es auch einen politischen Hintergrund. Bedauerlicherweise starb er im Exil und ließ sein ›magnum opus‹, die *Fasti* (*»Die Festtage«*), unvollendet – eine Formulierung der augusteischen Ideale auf der Grundlage des römischen Kalenders.

DIE HARPYIEN

30-Sekunden-Mythologie

Bei ihrem ersten Auftritt in der griechischen Literatur werden die Harpyien seltsamerweise als anmutige Wesen beschrieben. Für Hesiod sind sie die Göttinnen der über den Himmel hinwegziehenden Sturmwolken, die mit gelocktem Haar durch flinken Flügelschlag mit Winden und Vögeln mithalten können. Später gewann die grässliche Bedeutung ihres Namens (»Reißer«) die Oberhand. Die antiken Harpyien sind Ungeheuer – Vögel mit Frauengesichtern – mit unbeherrschtem Gemüt und unflätigen Gewohnheiten, kreischenden Stimmen und raffgierigen Klauen, die alles und jeden ergreifen und davontragen. Als »Hunde des Zeus« wurden sie entsandt, um den blinden Propheten und König Phineus zu peinigen. Dieser hatte zu viele Geheimnisse des Zeus preisgegeben. Wenn er sich zu Tisch setzte, raubten ihm die Harpyien seine Speisen aus den Händen und besudelten den Rest. Jasons Argonauten kamen zur Rettung des verhungernden Königs, und die beiden geflügelten Söhne des Nordwinds jagten die Harpyien auf die Strofades-Inseln. Dort stichelten sie später Aineias und seine Anhänger mit des Prophezeiungen ihres Hungertodes. Als Sinnbild der Habgier und Boshaftigkeit wurde die Bezeichnung »Harpyie« auf Politiker, Juristen und Steuerbeamte angewandt; heutzutage kennt man sie fast nur noch als sexistische Abwertung für wenig zurückhaltende Frauen.

3-SEKUNDEN-ÜBERBLICK
Der Name der Harpyien bedeutet »Reißer«. Als dämonische Vogelfrauen sind sie das Sinnbild für Grausamkeit und Habgier sowie die Personifizierung der Stürme.

3-MINUTEN-PERSPEKTIVEN
Vergil platziert die Harpyien am Tor zur Unterwelt, und in Dantes *Inferno* spuken sie im Wald der Selbstmörder, wo sie aus reiner Bosheit an Rinde und Blättern der Seelen von Selbstmördern rissen, die in Bäume verwandelt wurden. Als Wächter des Reichs der Toten betreten sie denkwürdig modern in Philip Pullmans *Das Bernstein-Teleskop* die literarische Bühne – grausam und provozierend, aber begierig nach der wahren Geschichte über die Welt der Menschen.

VERWANDTE MYTHEN
Die Harpyien sind zwar eindeutig griechisch, haben aber Ähnlichkeit mit den keltischen Krieg- und Todesgöttinnen, die oft als räuberische Raben und Krähen auftauchten.

3-SEKUNDEN-BIOGRAFIEN
ZEUS/JUPITER
König des Olymp, Himmelsgott
s. Seite 32

AINEIAS
Trojanischer Held,
Urahn der Römer
s. Seite 104

JASON & MEDEA
Mutiger Held, Anführer der Argonauten, und seine Frau
s. Seite 122

30-SEKUNDEN-TEXT
Geoffrey Miles

Die Harpyien, monströse Vögel mit Frauenköpfen, sind die grausamen und bösen »Hunde des Zeus«.

DIE ERINNYEN

30-Sekunden-Mythologie

Diese Rachegöttinnen wurden in manchen Fassungen des Mythos aus jenem Blut geboren, das auf die Erde (Gaia) tropfte, als Kronos seinen Vater Uranos entmannte. Andere Geschichten machen sie zu Kindern von Nyx, der Göttin der Nacht. Die Griechen nahmen an, dass es verschiedene Rachegöttinnen gab. Die Römer, die sie Furien nannten, kannten lediglich drei mit den Namen Alekto, Tisiphone und Megaira. Sie bestraften Sterbliche, die den widernatürlichen Akt der Tötung eines Blutsverwandten begangen hatten und standen für den Schrecken des Blutmordes. Geboren als alte Frauen mit Klauen und Schlangen als Haar, jagten sie Missetäter wie Tiere und trieben sie mit Beschwörungen in den Wahnsinn. Ihre berühmtesten Opfer waren Alkmaion und Orestes, die Muttermord begangen hatten, um ihre Väter zu rächen. In seinem Werk *Die Eumeniden* stellt Aischylos die Erinnyen als Verfolger des Orestes dar, bis Athene sie besänftigt und ihre Racheherrschaft durch ein System der Gerechtigkeit ersetzt. Die Erinnyen konnten auch durch Fluch der Eltern zur Bestrafung eines Kindes herbeigerufen werden. Amyntor verfluchte seinen Sohn Phoenix, weil dieser mit dessen Geliebten geschlafen hatte, Althaia ihren Sohn Meleagros, nachdem er ihre Brüder tötete, und Ödipus seine Söhne, die ihn einkerkerten, nachdem sie von Inzest und Vatermord erfahren hatten.

3-SEKUNDEN-ÜBERBLICK
Die Erinnyen sind den Römern als Furien bekannt. Sie bestraften die Menschen für ein Blutvergießen innerhalb der Familie. Mitunter werden sie beschönigend »Eumeniden« (»die Freundlichen«) genannt.

3-MINUTEN-PERSPEKTIVEN
Die Erinnyen waren gnadenlose Rächer, die jede Blutschuld rücksichtslos und ohne Zugeständnisse bestraften. Ähnliche Vorstellungen über die unausweichlichen Konsequenzen einer Handlung finden sich für Dike (»Gerechtigkeit«) und Nemesis (»Vergeltung«). Selbst ein versehentlicher Verstoß wie das Betreten heiligen Bodens zog unerbittlich eine Strafe nach sich. Angeblich war der Auftritt der Furien auf der Bühne so angsteinflößend, dass Kinder ohnmächtig wurden und Frauen Fehlgeburten erlitten.

VERWANDTE MYTHEN
Die Erinnyen waren wie die Gorgonen – drei Schwestern mit Schlangen als Haare, die jeden in Stein verwandelten, der sie erblickte.

3-SEKUNDEN-BIOGRAFIEN
URANOS
Himmelsvater mit Gaia, der Erdmutter
s. Seite 22

DELPHI
Ort des Orakels von Delphi
s. Seite 90

AISCHYLOS
Dramatiker aus Athen
im 5. Jh. v. Chr.
s. Seite 100

ÖDIPUS
König von Theben, der seinen Vater tötete und seine Mutter heiratete
s. Seite 116

30-SEKUNDEN-TEXT
Emma Griffiths

Die Erinnyen, bei den Römern als Furien bekannt, verüben vor allem Rache für Eltern- oder Muttermord.

GEOGRAFIE

Achaier Menschen, die im mykenischen Zeitalter in Achaia im Nordwesten der Peloponnes lebten. Homer bezeichnet mit diesem Begriff die verschiedenen Gruppen, aus denen die griechische Streitmacht bei der Belagerung Trojas bestand. Der Achaiische Bund war ein Bündnis von zwölf Stadtstaaten der Region.

Ambrosia Mit diesem Begriff wird die Speise der olympischen Götter beschrieben. Meistens handelt es sich bei Ambrosia um eine göttliche Speise oder um einen Trank. Die Götter verfütterten Ambrosia oft an ihre Pferde, und Athene gab Herakles Ambrosia, als er sterblich wurde. Tantalos, der König von Phrygien, wurde nach einem Gastmahl bei den Göttern in den Tartaros verbannt, weil er neben anderen Dingen versucht hatte, Ambrosia zu stehlen, um es an seine menschlichen Untertanen weiterzugeben.

Kosmos Vom griechischen Wort *kosmos* (wörtlich »Ordnung« oder »Schmuck«). In der antiken Kosmogonie der Griechen entsteht der Kosmos aus der riesigen Leere des Chaos, dem Urzustand der Materie. Im Gegensatz zur Bibel, in der Gott die Welt allein erschafft, sehen die Griechen im Erscheinen der Götter gleichzeitig auch das Entstehen der Welt, wie es vor allem die *Theogonie* des Hesiod beschreibt.

Musen Göttinnen, die das Schöpferische in Musik, Tanz, Literatur, Kunst und Wissenschaft beflügeln. Von ihrem Namen leiten sich die Worte Musik, Museum und Mosaik ab. Um zu inspirieren, musste Kreativität eingehaucht werden, ohne jedoch – wie in einer Offenbarung – konkreten Inhalt zu vermitteln. Gewöhnlich wird von neun Musen ausgegangen, und jeder von ihnen wird mitunter die Verantwortung für eine bestimmte Kunst zugeordnet. Für Hesiod waren die Musen Töchter des Zeus und der Mnemosyne, jener Göttin, die mit dem Gedächtnis in Verbindung gebracht wird. Andere Versionen zeigen die Musen als frühe, urzeitliche Abkömmlinge von Gaia und Uranos.

Nektar Der Trank der olympischen Götter.

Prophezeiungen Vorhersagen durch Orakel, etwa in Dodona oder Delphi. Orakeln kam eine große Bedeutung zu, auch wenn diese oft missverständlich waren. Eines der offenkundigsten Beispiele doppeldeutiger Prophezeiungen betraf den jungen Ödipus, der erfuhr, dass er seinen Vater töten und seine Mutter heiraten würde, sollte er nach Hause zurückkehren. Ödipus vermutete, dass hiermit sein gegenwärtiges Heim in Korinth gemeint war. Um der fürchterlichen Prophezeiung zu entgehen, brach er nach Theben auf, dem Ort seiner Geburt – der Rest ist Geschichte. Prophezeiungen offenbaren sich auch in Träumen. Obwohl sie als wahr akzeptiert wurden, glaubte man, dass sich Prophezeiungen auch verhindern ließen, wie dies der Fall des Ödipus und seines Vaters Laios veranschaulicht. Dieser Glaube sollte sich allerdings als falsch herausstellen.

Psychopompos Der Name eines Wesens, dass die Seelen der Verstorbenen ins Jenseits geleitet. In der klassischen Mythologie gibt es viele Beispiele für Psychopompoi, vor allem Charon, Hermes, Hekate und Morpheus.

Trojanisches Pferd Ein riesiges Holzpferd, durch das es 30 griechischen Soldaten, darunter Odysseus, gelang, in die Stadt Troja vorzudringen. Auf Befehl des Odysseus bauten die Griechen das große Pferd unter dem Vorwand, die Göttin Athene, deren Tempel sie während des Krieges zerstört hatten, zu versöhnen; sie wollten so für eine sichere Rückkehr nach Griechenland sorgen. Daher schien es, als setzte die griechische Flotte Segel in Richtung Heimat. Dank der List Sinons schleppten die Trojaner das Pferd in die Stadt und feierten den Abzug des Feindes. Sinon aber öffnete das Pferd und befreite so die eingeschlossenen Soldaten. Diese öffneten die Stadttore für die griechischen Streitkräfte, die Troja niederbrannten.

DER OLYMP

30-Sekunden-Mythologie

Mit 2917 Metern ist der Olymp

der höchste Berg Griechenlands und einer der höchsten Europas. Er gehört zu einer Gebirgskette, die sich zwischen der Ebene von Makedonien und Thessalien erhebt. Soweit bekannt, hat kein Grieche der Antike je diesen Berg bestiegen; in der poetischen Phantasie ihrer Zeit war er Sitz der Götter. Dort, hoch über den Wolken, hatten die Olympier, mit Ausnahme des Poseidon und des Hades, die im Meer und in der Unterwelt residierten, ihren Palast. Zum Zeitvertreib nährten sich die Götter mit Ambrosia und Nektar (beide Wörter bedeuten vermutlich »unsterblich«). Feierten sie Feste, sang Apollon zur Lyra – so wie die Dichter, die an den Höfen den Menschen für Unterhaltung sorgten –, und die Musen stimmten mit ein. Wenn die Sonne unterging, zogen sich die Götter in ihre Wohnstätten zurück, die Hephaistos erbaut hatte. Auch wenn die Götter auf dem Olymp in einem ewigen göttlichen Paradies lebten, war der Olymp doch eher Teil der Erde als ein Ort der Transzendenz und Spiritualität.

3-SEKUNDEN-ÜBERBLICK
Der Olymp ist jener Berg der Götter, auf dem sie in einem herrlichen Palast leben und unter den Augen des wachsamen Zeus endlose Feste feiern.

3-MINUTEN-PERSPEKTIVEN
Otos (»Verhängnis«) und Ephialtes (»Albtraum«) waren Söhne des Poseidon. Die Brüder wollten den Olymp angreifen. Um hoch genug hinauf zu kommen, schichteten sie die thessalischen Berge Ossa und Pilion übereinander. Artemis sprang zwischen den beiden in Gestalt eines Rehs hin und her. Beide warfen mit ihren Speeren, verfehlten das Tier und töteten sich so gegenseitig.

VERWANDTE MYTHEN
Der biblische Turm von Babel war der Versuch, Gott näher zu kommen, um ihm ebenbürtiger zu werden oder ihn gar zu stürzen.

3-SEKUNDEN-BIOGRAFIEN
ZEUS/JUPITER
König des Olymp, Himmelsgott
s. Seite 32

HERA/JUNO
Königin der Götter, Gemahlin des Zeus/Jupiter
s. Seite 34

HEPHAISTOS/VULCANUS
Gott der Handwerkskunst, Schmied der Götter
s. Seite 38

APOLLON
Gott der Sonne, Musik und Dichtkunst
s. Seite 42

30-SEKUNDEN-TEXT
Barry B. Powell

Der Olymp, Sitz der meisten Götter, ist ein Paradies voller Feste und Musik.

HADES

30-Sekunden-Mythologie

3-SEKUNDEN-ÜBERBLICK
In der griechischen Kosmogonie (mit Bezug auf den Ursprung des Universums) ist der Hades jener Ort, an dem die Menschen nach ihrem Tod verharren. Es ist zugleich der Name des Herrschers über dieses Totenreich.

3-MINUTEN-PERSPEKTIVEN
Das »Haus des Hades« war nicht in erster Linie ein Reich der Bestrafung oder Belohnung, sondern nur der Ort, an den die Menschen nach dem Tod gelangten, ob sie nun ein sittliches Leben geführt hatten oder nicht. Einige Seelen behielten jedoch ihre Körper und erfuhren eine Sonderbehandlung, zum Guten oder zum Schlechten. So musste Sisyphos auf ewig immer wieder einen Stein auf einen Berg hinaufrollen, während der gefeierte Jäger Orion die Ewigkeit fröhlich bei der Jagd verbringen durfte.

Nach griechischer Vorstellung gelangten fast alle Menschen nach dem Tod in ein unterirdisches Reich, das von Hades und seiner Frau Persephone regiert wurde. Dieses Reich war entweder als das »Haus des Hades« bekannt, was die Umgrenztheit des Raumes veranschaulicht, oder schlichtweg als Hades. Ein weiterer gängiger Name war Erebos (griechisch für »Finsternis«), was auf eine düstere Gegend hinweist, in der die Seelen der Verstorbenen verharren. Im Hades gab es Flüsse und Seen mit Namen, die Leid und Kummer zum Ausdruck brachten: Acheron (»Trauer«), Kokytos (»Wehklage«) und Phlegethon (»der Flammende«). Obwohl die Styx (»die Hasserfüllte«) gemeinhin als Grenzfluss zwischen dem Hades und der Welt der Lebenden gilt, war es doch der Acheron, über den der Fährmann Charon die Seelen der Toten geleitete. Alternativ brachte der Psychopompos Hermes (»Seelengeleiter«) die Toten in ihr neues Domizil. Hatten die Toten einmal das Tor zum Hades durchschritten, hinderte sie Kerberos, der vielköpfige Höllenhund, an der Rückkehr. Obwohl die Seelen ihr früheres menschliches Erscheinungsbild, ihre Persönlichkeit und Erinnerungen behielten und so für andere erkennbar blieben, waren sie doch nicht mehr als Rauchfahnen oder Spiegelungen auf dem Wasser. Sie konnten keine sinnlichen Freuden genießen, nicht essen, reden oder denken. Stattdessen dämmerten sie träge in einem ewigen Reich der Finsternis.

VERWANDTE MYTHEN
Ein Reich, in dem die Sterblichen nach ihrem Tod weiter bestehen, taucht in vielen Mythologien auf. Beispiele sind das Haus des *Yama* (Indien), *Scheol* (Israel), *Niflheim* (Skandinavien) und das Haus des *Donn* (Irland).

3-SEKUNDEN-BIOGRAFIEN
KERBEROS
Vielköpfiger Hund des Hades
s. Seite 66

TARTAROS
Kosmisches Gefängnis für besiegte Götter und Ungeheuer
s. Seite 86

HERAKLES/HERKULES
Griechischer Held mit ungeheurer Stärke
s. Seite 96

30-SEKUNDEN-TEXT
William Hansen

Das Reich der Unterwelt wird vom gleichnamigen König der Toten beherrscht.

480 v. Chr.
Geburt in Salamis, Griechenland

455 v. Chr.
Erster Wettbewerb während der Dionysien

441 v. Chr.
Erster Platz bei den Dionysien

ca. 406 v. Chr.
Tod in Makedonien

405 v. Chr.
Aufführung von *Die Bakchen* und *Iphigenie in Aulis* bei den Dionysien – erster Rang

ca. 200 n. Chr.
Zehn Werke des Euripides erscheinen in Textform

1972
Sämtliche Tragödien und Fragmente. Griechisch-deutsch, übersetzt von Ernst Buschor

2010
Tragödien in zwei Bänden, übersetzt von Dietrich Ebener

EURIPIDES

Nach Aischylos und Sophokles

war Euripides der jüngste der drei großen griechischen Tragiker, den das heutige Publikum wahrscheinlich am besten kennt. Das liegt zum Teil daran, dass etwa 18 der 92 von ihm verfassten Werke erhalten sind und bis heute aufgeführt werden. Seine Handlungen sind komplexer als die des Aischylos und Sophokles. Er marginalisiert den Chor stärker und entwickelt seine Charaktere umfassender als seine Vorgänger. Vor allem »psychologisiert« er seine Figuren und misst ihnen realistische, wenn auch meist bedauernswerte Motive zu.

In der Hälfte seiner Werke erscheint zuletzt überraschend ein Gott, der von oben auf die Bühne herabgelassen wird – eine Technik, die als *deus ex machina* (»Gott aus der Maschine«) bekannt ist. Dieser Gott löst die Verwirrung, die ansonsten zwischen den Figuren des Stücks weiter bestehen würde. Antike Autoren wie Aristoteles kritisierten diese Praxis mit der Begründung, eine Lösung müsse aus der Geschichte selbst erwachsen, sich aber nicht einer von außen ins Spiel gebrachte Macht verdanken.

Die Gelehrten diskutieren darüber, ob Euripides tatsächlich an die Götter glaubte. Falls nicht, wäre der *deus ex machina* beinahe schon deren Karikatur. Zumindest aber kritisiert Euripides die Götter als grausam, launisch und vor allem irrational. So gesehen lehnt er die Vorstellung des Göttlichen zwar nicht ab, möchte sie aber reformieren. Seine Weigerung, vor den Göttern niederzuknien, unterscheidet ihn von Aischylos und Sophokles. Womöglich lehnt Euripides den Glauben an die Götter grundsätzlich als irrational ab. Unterstellt man ihm dies, entrückt er – wie später Friedrich Nietzsche und Sigmund Freud in der Neuzeit – die Götter zu Projektionen menschlicher Eigenschaften. Nietzsche selbst nimmt an, dass Euripides kein Atheist war und dass der Auftritt des *deus ex machina* dazu diente, die Götter als Mächte von Vernunft und Zurückhaltung zu rechtfertigen.

Euripides war der unbeliebteste der drei großen Tragiker. Bei den Festspielen während der Dionysien erhielt er nur fünf Auszeichnungen, eine davon erst nach seinem Tod. Ein Grund dafür mag seine unerschrockene und herausfordernde Neigung zu Frauen gewesen sein, besonders zu denen, die von Männern schlecht behandelt wurden. Er präsentiert in seinen Dichtungen eine Reihe einflussreicher, jedoch keinesfalls makelloser Heldinnen. Eine von ihnen ist Medea, die das Leben ihres Mannes Jason rettet, um später für eine andere Frau verlassen zu werden. Eine andere ist Elektra, die ihren Bruder Orestes zur Ermordung der Mutter Klytaimnestra anstiftet. Durch seine unnachgiebige Verurteilung des Krieges machte sich Euripides zweifellos nicht nur Freunde.

Wir wissen wenig über Euripides' persönliches Leben, abgesehen von der Tatsache, dass er zweimal verheiratet war und seine Tragödien angeblich in Syrakus an einem Ort niederschrieb, der heute als Höhle des Euripides bekannt ist.

TARTAROS

30-Sekunden-Mythologie

Der Tartaros ist die unterste der

Welten, aus denen der Kosmos besteht. Hesiod behauptet, dass ein vom Himmel fallender Amboss aus Bronze nach zehn Tagen die Erde erreichen würde; fiele dieser Amboss von der Erdoberfläche in die Tiefe, würde er den Tartaros ebenfalls zehn Tage später erreichen. So ist der Tartaros genauso weit unter der Erde, wie Himmel und Erde voneinander entfernt sind. Er dient als kosmisches Gefängnis. Götter und Ungeheuer können zwar besiegt werden, als übernatürliche Wesen aber sind sie im Allgemeinen nicht sterblich. Was also sollten die herrschenden Götter mit ihren mächtigen Feinden wie etwa den Titanen tun, die sie besiegt hatten, aber nicht töten konnten? Die Olympier schlossen sie für unbestimmte Zeit im Tartaros ein. Dorthin verbannte Zeus nach einem Kampf auch das große Ungeheuer Typhon. Da die Gefangenen stark sind, ist der Tartaros von einer bronzenen Wand umschlossen, und da die Gefangenen zudem riesig sind, hat ihr Gefängnis gewaltige Ausmaße. Nach Hesiod würde ein Wesen, das den Tartaros durch die Bronzetür betreten hätte, von heftigen Winden ein Jahr lang in der Finsternis umhergewirbelt, bevor es den Boden erreicht. Im Tartaros sind auch Menschen wie Tantalos und Sisyphos gefangen, die die Götter am stärksten beleidigten.

3-SEKUNDEN-ÜBERBLICK
Im Tartaros als dem riesigen Gefängnis der Unterwelt hausen besiegte Götter, Ungeheuer und einige wenige Menschen.

3-MINUTEN-PERSPEKTIVEN
Wie auch andere Bestandteile des mythischen Kosmos – Gaia (Erde), Uranos (Himmel) und Hades (Totenreich) – ist Tartaros gleichzeitig ein Ort und eine Gestalt. Als Ort ist der Tartaros ein Gefängnis, als Gestalt der Sohn der Gaia.

VERWANDTE MYTHEN
In vielen Überlieferungen können übernatürliche Wesen zwar eingesperrt, nicht aber getötet werden. So werden im altnordischen Mythos der Gott *Loki* und der große Wolf *Fenrir* von den herrschenden Göttern gefesselt.

3-SEKUNDEN-BIOGRAFIEN
GAIA
Mutter Erde
s. Seite 18

URANOS
Himmelsvater
s. Seite 22

HADES
Reich der Toten
s. Seite 82

30-SEKUNDEN-TEXT
William Hansen

Tartaros ist ein Gott und zugleich der Name des Reichs, das er beherrscht.

TROJA

30-Sekunden-Mythologie

Nach der griechischen Mythologie war Troja das Handelszentrum an der Westküste der heutigen Türkei und Schauplatz eines epischen Krieges zwischen Trojanern und Achäern. Paris, Sohn des trojanischen Königs Priamos, suchte die schönste Frau der Welt und kehrte mit Helena, der Frau des Spartanerkönigs Menelaos, zurück. Als Antwort führte dessen Bruder Agamemnon eintausend griechische Schiffe gegen Troja, die Angst und Respekt verbreiten sollten. Die Belagerung dauerte viele Jahre. Die Helden beider Seiten – Hektor, Achilles, Ajax – kämpften, stritten und starben an den Stadtmauern Trojas; und über die ganze Zeit nahmen die Götter am Geschehen Anteil. Zuletzt fiel die Stadt, die dem mächtigen Ansturm standgehalten hatte, einer List zum Opfer. Der schlaue Odysseus baute das »Trojanische Pferd« – eine riesige Trophäe aus Holz, die die Trojaner triumphierend in ihre Stadt schleppten. Ihnen war nicht bewusst, dass sich im Inneren griechische Krieger befanden. Troja ging im Feuer unter, Menelaos gewann Helena zurück und die Griechen kehrten heim. Von Homer über Euripides, von Vergil über Shakespeare bis zum Spielfilm *Troja* aus dem Jahr 2004 wurde der Trojanische Krieg zum Sinnbild für Heldenmut und für die Grausamkeit des Krieges.

3-SEKUNDEN-ÜBERBLICK
Troja war eine sagenumwobene Stadt, die zehn Jahre von den Griechen belagert wurde. Der Trojanische Krieg wurde zum Archetypos westlicher Kriegsbeschreibung.

3-MINUTEN-PERSPEKTIVEN
Während die antiken Griechen glaubten, Troja und der Trojanische Krieg seien real, glaubten Historiker lange Zeit an eine Erfindung. In den 1870ern behauptete der deutsche Archäologe und Abenteurer Heinrich Schliemann, die Ruinen von Troja bei Hissarlik in der Türkei entdeckt zu haben. Ausgrabungen im großen Stil dauern bis heute an, und die meisten Experten gehen davon aus, dass es die Stadt Troja nicht nur gab, sondern dass sie einer Belagerung zum Opfer fiel. Ob all dies den Ausmaßen der *Ilias* entsprach, bleibt jedoch fraglich.

VERWANDTE MYTHEN
Zu den Legenden ähnlichen epischen Ausmaßes in anderen Kulturen gehören das indische *Mahabharata*, das deutsche *Nibelungenlied* und das französische *Chanson de Roland*.

3-SEKUNDEN-BIOGRAFIEN
HOMER
Autor der *Ilias* und der *Odyssee*
s. Seite 44

ACHILLES
Griechischer Krieger, Held der *Ilias*
s. Seite 98

ODYSSEUS/ULYSSES
Griechischer Held, berühmt für seine Intelligenz
s. Seite 102

AINEIAS
Trojanischer Held, Urahn der Römer
s. Seite 104

30-SEKUNDEN-TEXT
Geoffrey Miles

Die Eroberung Trojas ist eine der meist bekannten antiken Erzählungen.

DELPHI

30-Sekunden-Mythologie

Delphi war Dreh- und Angelpunkt

des mythologischen Universums. Zeus unternahm mit zwei Adlern eine Vermessung aus der Luft, um den Mittelpunkt der Welt zu finden, und der Ort, an dem die Adler sich trafen, wurde mit einem Stein – einem *omphalos* (gr. »Nabel«) markiert. Dieser berühmte Ort war Delphi, ein religiöses Zentrum, ursprünglich den Göttinnen Gaia, Themis und Phoibe gewidmet, später eine Stätte der Apollon-Verehrung, nachdem dieser den Python besiegt hatte.

Die Prophezeiungen Apollons wurden durch pythische Priesterinnen verkündet, die sich in Trance versetzten. Dabei half ihnen vermutlich das Kauen von Lorbeerblättern. Archäologen haben vermutet, dass die geologische Lage Delphis zu diesem Mythos beigetragen haben könnte, da halluzinogene Gase aus tiefen Spalten im Felsen aufstiegen.

Der Orakelspruch konnte sehr spezifisch sein. Laios, der Vater des Ödipus, erhielt beispielsweise die Nachricht, dass sein zukünftiger Sohn den eigenen Vater töten würde. Andererseits gab es auch mehrdeutige Prophezeiungen: Als Ödipus erfuhr, dass er nicht der Sohn des Königs und der Königin von Korinth war, fragte er das Orakel nach seinen leiblichen Eltern. Er erhielt lediglich die Antwort, er werde seinen Vater töten und seine Mutter ehelichen. In der Annahme, das Orakel beziehe sich auf seine vermeintlichen Eltern in Korinth, floh er augenblicklich nach Theben.

3-SEKUNDEN-ÜBERBLICK
Delphi war Sitz des Orakels von Delphi, einer heiligen Stätte, an der Apollon durch pythische Priesterinnen zu den Menschen sprach.

3-MINUTEN-PERSPEKTIVEN
Der Apollontempel in Delphi hatte zwei Leitsprüche: »Nichts im Übermaß« und »Erkenne dich selbst«. Die mehrdeutigen Orakelsprüche sind womöglich ein Hinweis auf die Wichtigkeit dieser Warnungen. Eine ähnliche Warnung lässt sich dem Mythos um Kassandra entnehmen: Apollon gab ihr das Geschenk der Prophezeiung, als sie versprach, mit ihm das Bett zu teilen. Aber als sie nicht Wort hielt, belegte er sie mit einem Fluch, dass ihre Prophezeiungen niemals Gehör finden sollten.

VERWANDTE MYTHEN
Die Rolle der Kastalischen Quelle, die zur Reinigung in Delphi verwendet wurde, erinnert an den altnordischen Mythos des Propheten *Mimir*, der die heilige Quelle unter dem Weltenbaum behütete.

3-SEKUNDEN-BIOGRAFIEN
ZEUS/JUPITER
König des Olymp, Himmelsgott
s. Seite 32

APOLLON
Gott der Sonne, Musik und Dichtkunst
s. Seite 42

ÖDIPUS
König von Theben, der seinen Vater tötete und seine Mutter heiratete
s. Seite 116

30-SEKUNDEN-TEXT
Emma Griffiths

Delphi, das Zentrum der Welt, ist spirituelles Zentrum des Apollonkults und Heimat des Orakels.

HELDEN ◑

Aeneis Vergils Epos, das die Geschichte des trojanischen Prinzen Aineias erzählt. Nach einigen Abenteuern errichtet er schließlich eine Siedlung in Latium und gründet so das zukünftige Rom. Das Epos, an dem Vergil zwischen 29 und 19 v. Chr. arbeitete, besteht aus zwölf Büchern und greift Motive der *Odyssee* und *Ilias* auf. Gleichzeitig verewigt und würdigt es Taten und Herrschaft des römischen Kaisers Augustus in der Zeit Vergils.

Elysion (die Elysischen Gefilde) Ein Bereich der Unterwelt, der – anders als der Hades – das Pendant zum Himmel darstellt. Während praktisch jeder in den Hades gelangte – abgesehen von jenen, die in den Tartaros verbannt wurden –, kamen nur wenige ins Elysion. Es war die letzte Ruhestätte der Helden und besonders pflichtbewussten, gehorsamen Menschen. Ein Beispiel ist der Vater des Aineias – Anchises –, den Vergil in einem Reich des immerwährenden Frühlings leben lässt. Einer Quelle zufolge herrscht Kronos über das Elysion. Obwohl das Elysion in der *Odyssee* erwähnt wird, hat Odysseus es nie besucht. In Vergils *Aeneis* dagegen reiste Aineias dorthin, um den Rat seines Vaters Anchises einzuholen.

Graien Die zwei oder gewöhnlich drei Schwestern der Gorgonen. Sie teilten sich zusammen ein Auge und einen Zahn. Sie waren die Töchter des Phorkys und der Ketos, und wie ihre Eltern waren sie antike Meeresgöttinnen. Gewöhnlich werden sie als alte, grauhaarige Weiber dargestellt, manchmal jedoch mit Schwanenkörpern. Perseus stahl ihnen Auge und Zahn und zwang sie, ihm den Aufenthaltsort ihrer Gorgonenschwestern zu verraten.

Ilias Homers Epos, das einige Monate aus dem letzten Jahr des Trojanischen Kriegs schildert; es nimmt oft Bezug auf Ereignisse der Vergangenheit. Das um 800 v. Chr. verfasste Epos umfasst 24 Bücher und behandelt existentielle menschliche Fragen wie Schicksal und Willensfreiheit, Göttlichkeit und Menschlichkeit, Stolz und Ruhm, Freundschaft und Liebe sowie Hass, Leben und Tod. Es gehört zu den einflussreichsten Werken der abendländischen Literatur.

Kentauren Diese Mischwesen, halb Mensch halb Pferd, waren ungezähmt und wild. Sie werden oft als lüsterne, trunkene Anhänger des Dionysos dargestellt. Eine Ausnahme ist der Kentaur Cheiron, der verschiedene Helden ausgebildet hat, darunter Achilles, Ajax, Theseus und nach einigen Quellen auch Herakles, der nicht nur für seine Kraft, sondern auch für seinen Verstand berühmt war. Auch wenn die Kentauren gewöhnlich als männlich dargestellt wurden, gab es gelegentlich auch weibliche Kentauren.

Sirenen Drei Meeresnymphen, die mit ihrem betörenden Gesang vorbeifahrende Schiffer in den Tod lockten – ihre Schiffe liefen auf den Felsen nahe der Insel, auf der sie lebten. Demeter verfluchte sie, ihr Dasein in Vogelkörpern zu fristen, weil sie die Entführung ihrer Tochter Persephone durch Hades nicht verhindert hatten. Jason und die Argonauten entgingen dem Verderben dank Orpheus, der den Sirenengesang mit seiner Leier übertönte. Odysseus befahl seinen Männern, sich die Ohren zu verstopfen, damit sie die Sirenen nicht hören konnten; er selbst ließ sich an den Mast binden, sodass er sie hören, aber widerstehen konnte.

Styx Heute wohl besser bekannt als der Fluss, der durch das Reich der Unterwelt (den Hades) fließt. Die Styx soll den Hades sieben oder neun Mal umflossen und die Grenze zwischen den Lebenden und den Toten gebildet haben. Selbst die Götter sahen sie als heilig an. In ihr Wasser tauchte Thetis ihren Sohn Achilles als Säugling, so dass sein Körper unverwundbar war – mit Ausnahme der Ferse, an der sie den Säugling hielt.

Zwölf Herausforderungen Ihnen hatte sich Herakles zu stellen – als Strafe für die Tötung seiner Frau und Kinder in einem Wahn, den Hera in ihm entfacht hatte. Nachdem Herakles die Besinnung wiedererlangt und Zeuge seines Verbrechens geworden war, reiste er nach Delphi, um das Orakel zu befragen, wie er Buße tun könne. Er solle 12 Jahre unter König Eurystheus dienen, der Herakles die folgenden Arbeiten auftrug: 1) Erlegung des Nemeischen Löwen; 2) Tötung der Lernäischen Hydra; 3) Fang der Kerynitischen Hirschkuh; 4) Erlegen des Erymanthischen Ebers; 5) Ausmisten der Rinderställe des Augias; 6) Vertreibung der Stymphalischen Vögel; 7) Fang des Kretischen Stiers; 8) Zähmung der menschenfressenden Rosse des Diomedes; 9) Herbeischaffung des Wehrgehänges der Hippolyte; 10) Raub der Rinderherde des Geryon; 11) Pflücken der goldenen Äpfel der Hesperiden; und 12) Herbeischaffen des Kerberos.

HERAKLES/ HERKULES

30-Sekunden-Mythologie

Als »Ruhm der Hera«, so die

Namensbedeutung, war Herakles mit Hera, seiner größten Widersacherin, unwiderruflich verbunden. Gedemütigt durch einen Seitensprung ihres Gatten Zeus, kämpfte sie schon vor dessen Geburt gegen Herkules. Sie sicherte Eurystheus, seinem sterblichen Widersacher, die Königsherrschaft, die Zeus für Herakles beabsichtigt hatte. Als Hera Schlangen in die Wiege des Herakles legte, um ihn zu ermorden, tötete er diese und demonstrierte so die Stärke, die ihn später seine Heldentaten, nicht zuletzt die berühmten zwölf Arbeiten, bestehen lassen sollte. Diese Arbeiten führten ihn aus seiner Heimat, dem Peloponnes, zu den ungewöhnlichsten Orten, nicht zuletzt an den Rand der Erde und in die Unterwelt.

Tatsächlich starb Herakles durch die List eines seiner längst erlegten Opfer – des Kentaurs Nessos, der seine Frau Deianeira bedrängte. Herkules tötete den Kentaur mit seinen vergifteten Pfeilen, und Deianeira tränkte ein Untergewand mit Nessos' Blut im Glauben, dieses wirke wie ein Liebeselixir. Als Herkules sich damit bekleidete, drang Nessos Blut in seinen Körper und vergiftete ihn. Herakles ließ sich auf einem Scheiterhaufen bei lebendigem Leib verbrennen. Nach seinem Tod brachte ihn Athene zum Olymp. Seine Heirat mit Hebe, der Tochter Heras, mit der sich Herkules aussöhnte, steht für seine göttliche Wiedergeburt

3-SEKUNDEN-ÜBERBLICK
Herakles, den die Römer Herkules nennen, ist Sohn des Zeus und der Alkmene. Als größter der antiken Helden überschreitet er die Grenze zum Tod und gesellt sich zu den olympischen Göttern.

3-MINUTEN-PERSPEKTIVEN
Herakles war nicht nur für seine außerordentlichen Leistungen und seine Ausdauer bekannt, sondern auch für seine Intelligenz, Fähigkeiten und Musikalität. Zu seinen Charakterzügen gehörten ein übermäßiges Temperament, eine sexuelle Leistungsfähigkeit, die einst dazu führte, dass er in einer einzigen Nacht 50 Mädchen entjungferte, und eine Tendenz zum Wahnsinn, der zu Gräueltaten führte – die schlimmste davon war die Ermordung seiner Kinder und seiner Frau Megara. Die Strafe hierfür, die zwölf Aufgaben des Eurystheus, nahm er auf sich.

VERWANDTE MYTHEN
Herakles wurde in der Antike mit *Melqart* verglichen, dem »Tyrischen Herakles« (Herodot 2.44). Es bestehen auch Parallelen zu den biblischen Figuren *Samson* und *Goliath*.

3-SEKUNDEN-BIOGRAFIEN
ZEUS/JUPITER
König des Olymp, Himmelsgott
s. Seite 32

HERA/JUNO
Königin der Götter, Gemahlin des Zeus/Jupiter
s. Seite 34

30-SEKUNDEN-TEXT
Susan Deacy

Herakles, der größte Held, ist für seine zwölf Aufgaben bekannt. Die erste ist die Tötung des Nemeischen Löwen, die letzte der Sieg über den Höllenhund Kerberos.

αβγδεϛζηθια

ACHILLES

30-Sekunden-Mythologie

Achilles war der Sohn des Peleus, des sterblichen Königs der Myrmidonen, und der Thetis, einer Nymphe, die versuchte, den Säugling Achilles unsterblich zu machen, indem sie ihn in den Fluss Styx eintauchte. Unglücklicherweise übersah sie eine Stelle an seiner Ferse, an der sie ihn in den Fluss hielt; Achilles war daher an dieser Stelle für die Verletzung durch einen Sterblichen anfällig.

Die Götter stellten Achilles vor die Wahl, ein kurzes Leben voller Ruhm oder ein langes unbedeutendes Dasein zu führen. Er entschied sich für den Ruhm und wurde zum berühmtesten griechischen Krieger des Trojanischen Kriegs. Homers Epos *Ilias* erzählt von der Wut des Achilles, der sich durch das Geschenk einer Sklavin als Kampfprämie des Agamemnon gedemütigt sah. Achilles verweigerte fortan den Kampf. Als die Griechen jedoch Verluste erlitten, bat ihn sein Freund Patroklos um seine Rüstung. Patroklos kämpfte tapfer, wurde jedoch von Hektor, dem trojanischen Widersacher des Achilles, getötet. In seinem Zorn erschlug Achilles Hektor und schändete dessen Körper; er lenkte erst ein, als Hektors Vater Priamos um die Rückgabe der sterblichen Überreste flehte. Am Ende des Trojanischen Kriegs starb Achilles, als er von einem Pfeil des Trojaner-Prinzen Paris an der Ferse verletzt wurde.

3-SEKUNDEN-ÜBERBLICK
Der berühmteste Kämpfer im Trojanischen Krieg zieht ein kurzes ruhmreiches Leben einem belanglosen vor.

3-MINUTEN-PERSPEKTIVEN
In manchen Versionen des Mythos wurde Achilles ins Elysion gebracht und heiratete Medea; in Homers *Odyssee* allerdings erscheint Odysseus der Schatten des Achilles und bedauert seine Entscheidung, jung zu sterben und die Ewigkeit im Hades zu verbringen. Auch wenn es ihn tröstet, von Odysseus etwas über seinen Sohn Neoptolemos zu erfahren, relativiert seine anhaltende Traurigkeit doch die gängige Idealisierung des Ruhms durch die Epen.

VERWANDTE MYTHEN
Die Vorstellung vom Helden, der an nur einer Körperstelle verwundbar ist, findet sich auch in der germanischen Sage von *Siegfried* und der indischen Geschichte von *Krishna*.

3-SEKUNDEN-BIOGRAFIEN
TROJA
Stadt am Hellespont, Schauplatz des Trojanischen Kriegs
s. Seite 88

ODYSSEUS/ULYSSES
Griechischer Held, berühmt für seine Intelligenz
s. Seite 102

30-SEKUNDEN-TEXT
Emma Griffiths

Achilles' übermenschliche Fähigkeit als Krieger wird von seiner Selbstbezogenheit überschattet. Die »Achillesferse« ist bis heute Metapher für die Charakterschwäche eines selbstherrlichen Menschen.

ca. 525/4 v. Chr.
Geburt in Eleusis,
Griechenland

499 v. Chr.
Erste Aufführung eines
Werks

490 v. Chr.
Kampf in der Schlacht bei
Marathon

484 v. Chr.
Erster Sieg bei den
Dionysien

480 v. Chr.
Kampf in der Seeschlacht
von Salamis

472 v. Chr.
Uraufführung von
Die Perser

472 v. Chr.
Aufführung von vier
Werken, durch Perikles
finanziert

467 v. Chr.
Uraufführung von *Sieben
gegen Theben*

464 v. Chr.
Uraufführung von *Die
Schutzflehenden*

458 v. Chr.
Uraufführung von
Die Orestie

ca. 445/6 v. Chr.
Tod in Syrakus, Sizilien

1954
Die Orestie, übersetzt
von Walter Jens

1997
Die Orestie, übersetzt
von Peter Stein

2005
Tragödien und Fragmente,
übersetzt von Bernhard
Zimmermann

AISCHYLOS

Aischylos ist der Vater der klassischen Tragödie. Seine bedeutendsten Nachfolger, Sophokles und Euripides, beeinflussten das Genre zwar nachhaltig, knüpften jedoch an seinen Leistungen an. Auch Aischylos bediente sich einer überlieferten Form, wandelte sie jedoch insofern ab, als er einen zweiten Schauspieler einführte, damit das dialogische Moment stärkte und den Chorus in den Hintergrund rückte. Bisher hatten Autoren drei separate Stücke und ein schlüpfriges Satyrspiel verfasst – Aischylos macht nun aus dieser konventionellen Trilogie eine einheitliche Folge von Dramen. Von seinen Trilogien ist lediglich *Die Orestie* erhalten.

Thematisch behandeln die Theaterstücke des Aischylos (nur sechs oder sieben der insgesamt 70 haben die Zeit überdauert) die Verantwortung des Menschen für sein Tun. Aischylos erachtet die gängige Berufung auf Schicksal oder den Willen der Götter als Flucht aus der Verantwortung. Gleichwohl befürwortet er die Hingabe an die Götter, denen sich die Menschen zu unterwerfen haben, und bewertet sie eher als gut denn als böse. Er sieht eine Entwicklung der Götter von zornigen zu barmherzigen und gerechten Mächten. Götter und Menschen scheltet er gleichermaßen für übertriebenen Hochmut und rät zur Mäßigung. Er glaubt, aus dem Leiden seiner Figuren erwachse Weisheit.

Aischylos erstes Theaterstück *Die Perser* behandelt die Seeschlacht von Salamis und nimmt insofern eine einzigartige Stellung in der griechischen Tragödie ein, als sie Bezug auf ein aktuelle Geschehen nimmt. In *Sieben gegen Theben* beschuldigt er Menschen des Elternmords und des Inzests anstatt dies einem göttlichen Fluch zuzuschreiben, was der gängigen Erklärung entsprochen hätte. Seine *Orestie* erzählt vom Leben und Untergang des mykenischen Königs Agamemnon und seiner Familie. Sie ist außerdem die einzige komplett erhaltene Trilogie eines klassischen griechischen Dramatikers.

Aischylos wurde in Eleusis im Nordwesten Athens geboren. Seine Stadt war für ihren Demeterkult bekannt. Dennoch erlebte Aischylos den Dionysoskult als größere Inspiration. Das griechische Drama hat seinen Ursprung in den Dionysien, den Festtagen zu Ehren des gleichnamigen Gottes. Aischylos' Werke waren zu seiner Zeit sehr erfolgreich – 13 Mal gewann er bei den Wettbewerben während der Dionysien; sie werden bis heute noch immer aufgeführt.

Nichtsdestotrotz war Aischylos auch Soldat. Er nahm an den Schlachten bei Marathon und Salamis teil und verteidigte Griechenland vor den einfallenden Persern. Seine Grabinschrift verschweigt seinen Beitrag zur Tragödie und konzentriert sich auf seine militärischen Verdienste.

ODYSSEUS/ULYSSES

30-Sekunden-Mythologie

Der wohl bekannteste Beweis

seiner Klugheit, die Odysseus zum Helden machte, war sein Plan zur Eroberung Trojas. Das Trojanische Pferd, in dem die griechischen Soldaten versteckt waren, wurde zum Sinnbild der List. Aber nicht nur in Troja, sondern auch auf seiner abenteuerlichen Heimkehr erwies sich Odysseus als ausgesprochen listig. Anfangs noch in Ithaka, versuchte er der Einberufung in Agamemnons Armee dadurch zu entgehen, dass er vorgab wahnsinnig zu sein. Trotz all seiner Klugheit zeigte aber auch Odysseus Momente der Vermessenheit, etwa als er beim Verlassen der Kykopeninsel dem zuvor betrogenen Kyklopen Polyphem seinen wirklichen Namen verriet. Damit zog er den Zorn von Polyphems Vater Poseidon auf sich; als Gott des Meeres war der in der Lage, die Heimreise des Odysseus zu erschweren.

Zu den vielen Frauen, die in Odysseus verliebt waren, gehörte auch die junge phaiakische Königstochter Nausikaa, die ihr Volk dazu anhielt, ihm zu helfen, als er an ihrer Insel Schiffbruch erlitt; man überließ ihm sogar Schiffe für die Heimfahrt nach Ithaka. Derweil schmiedete er mit Athene einen Plan, um die Freier zu bezwingen, die sein Haus belagerten und seiner Frau den Hof machten.

3-SEKUNDEN-ÜBERBLICK
Odysseus, unter den Römern als Ulysses bekannt, ist der Held, dessen Schlauheit es ihm bei seiner Heimreise aus Troja ermöglicht, Hindernisse zu überwinden, an denen andere scheitern würden.

3-MINUTEN-PERSPEKTIVEN
Auf der Heimreise kam Odysseus bis an den Rand des Ozeans, wo er den Schatten des Todes begegnete. Zu den lebendigen Gestalten, denen er unterwegs begegnete, gehörten die Zauberin Kirke, die betörenden Sirenen, die allein Odysseus hörte und von denen er später berichtete; und die Göttin Kalypso, die ihn für sieben Jahre als ihren Geliebten gefangen hielt.

VERWANDTE MYTHEN
Zu den Helden, deren Abenteuer Parallelen mit denen des Odysseus aufweisen, gehören Aineias und *Sindbad* der Seefahrer.

3-SEKUNDEN-BIOGRAFIEN
POSEIDON/NEPTUN
Gott des Meeres und der Pferde, Bruder des Zeus
s. Seite 36

ATHENE/MINERVA
Göttin der Weisheit, der Kriegskunst und der Gerechtigkeit
s. Seite 52

POLYPHEM
Sohn des Poseidon
s. Seite 68

30-SEKUNDEN-TEXT
Susan Deacy

Odysseus geht so raffiniert vor, dass er, wie auch seine göttliche Helferin Athene, den Beinamen »polymetis« (der »Listenreiche«) trägt.

AINEIAS/AENEAS

30-Sekunden-Mythologie

Diese Nebenfigur in der *Ilias*

steht im Zentrum von Vergils römischem Epos *Aeneis*. Aineias floh aus dem von den Griechen besetzten Troja und trug dabei seinen alten Vater auf den Schultern; auch das Altarbild der Pallas Athene führte er mit sich. Jupiter (Zeus) selbst hatte ihm den Auftrag erteilt, die Überlebenden von Troja in eine neue Heimat zu führen. Wie auch Odysseus zog Aineias über Jahre umher und folgte einer unfassbaren Prophezeiung. In Karthago verliebte sich Aineias in die Königin Dido, aber die Götter verlangten: »Zieh weiter!«; Dido nahm sich das Leben. Als Aineias schließlich Italien erreichte, stellte sich ihm Turnus, der Führer der dort Beheimateten, entgegen. Zwar konnte er zuletzt seine neue Stadt, die Wegbereiterin Roms, gründen, doch lebte er nicht mehr lange genug, um sich an ihr erfreuen zu können.

Aineias war eine neue Art des antiken Helden, anders als der ruhmreiche Achilles oder der arglistige Odysseus. Vergil stellt ihn als bescheidenen Menschen dar, der sich durch sein Pflichtbewusstsein (*pietas*) gegenüber Göttern, Familie und Volk auszeichnete. Von den Göttern erhielt er einen Schild, der die Zukunft Roms dargestellt. Er »schultert den Schild und mit ihm das Schicksal seiner Kinder«, ein zögernder Held, der buchstäblich die Last der Geschichte auf den Schultern trug. Nach seinem Tod machten ihn die Götter unsterblich.

3-SEKUNDEN-ÜBERBLICK
»Waffen besing ich und ihn« – gemeint ist Aineias, ein Prinz Trojas, der sterbliche Sohn der Venus (Aphrodite), dessen Schicksal es ist, Urahn der Römer zu werden.

3-MINUTEN-PERSPEKTIVEN
Es verdankt sich Vergils kreativem Umgang mit dem Mythos und der Geschichte, den Fall Trojas (12. Jh. v. Chr.) mit der Gründung Roms (traditionell 753 v. Chr.) zu verbinden; drei Jahrhunderte Königsherrschaft mussten erdacht werden, um die Lücke zwischen Aineias und Romulus zu überbrücken. Die Liebesgeschichte zwischen Aineias und Dido, der Gründerin von Karthago (8. Jh. v. Chr.), bot einen mythischen Anhaltspunkt für den Ausbruch der Punischen Kriege.

VERWANDTE MYTHEN
Aineias hat Ähnlichkeit mit dem biblischen *Moses*, der auf Geheiß Gottes seine Anhänger auf einer langen Wanderung führt, aber stirbt, bevor er das gelobte Land erreicht.

3-SEKUNDEN-BIOGRAFIEN
ZEUS/JUPITER
König des Olymp, Himmelsgott
s. Seite 32

APHRODITE/VENUS
Göttin der Liebe und Schönheit
s. Seite 50

DIDO
Königin von Karthago, tragische Liebhaberin des Aineias
s. Seite 126

VERGIL
Römischer Dichter, Schöpfer der *Aeneis*
s. Seite 128

30-SEKUNDEN-TEXT
Geoffrey Miles

Der pflichtbewusste Aeneas entspricht dem neuen, römischen Typus des Helden.

THESEUS

30-Sekunden-Mythologie

Als er das Mannesalter erreicht

hatte und den schweren Stein anhob, der auf Schwert und Sandalen seines Vaters Aigeus lastete, bewies Theseus jene Stärke, die ihn wie Herkules als Held auswies. Für seinen Weg nach Athen, wo er sein Geburtsrecht einfordern wollte, wählte er nicht die kurze Meerespassage, sondern die Landroute, um den verschiedenen Räubern, Machthaber und Monstern, die den Menschen auf diesem Weg begegneten, den Garaus zu machen.

Nachdem er Athen erreicht und die Mordversuche seiner Stiefmutter Medea überstanden hatte, gelang es ihm, die Stadt aus der Schuld des Minos zu befreien. Mit einer Gruppe junger Männer fuhr er nach Kreta, um dem Minotauros als Opfergabe zu dienen, tötete dann aber die Bestie mit der Hilfe Ariadnes, der Tochter des Minos. Sie floh mit ihm, nur um später auf Naxos von ihm verlassen zu werden. Als Theseus vergaß, das schwarze Segel, das von einer möglichen Niederlage zeugen sollte, durch ein weißes zu ersetzen, wähnte Aigeus seinen Sohn tot und stürzte sich ins Meer, das bis heute seinen Namen trägt.

Zu Theseus' weiteren Abenteuern gehörte ein Besuch im Land der Amazonen und die missglückte Entführung von Persephone, die seinem Weggefährten Peirithoos die ewige Gefangenschaft im Hades einbrachte. Das Leben des Theseus endete ähnlich dem seines Vaters: er stürzte, gestoßen von Lycomedes, von einer Klippe ins Meer.

3-SEKUNDEN-ÜBERBLICK
Theseus war ein Kulturheld, der durch das Töten von Ungeheuern einen Beitrag zur Zivilisation leistete. Er wurde auch als Gründer des politischen Systems von Athen gefeiert.

3-MINUTEN-PERSPEKTIVEN
Theseus war die Frucht einer Liaison seiner Mutter, der troizenischen Prinzessin Aethra, mit Aigeus, dem König von Athen, oder mit Poseidon auf der Insel Sphairia. Er entsprang einer List, auch wenn die Identität des Täuschers variiert. Entweder machte Aethras Vater Pittheus den Aigeus betrunken, bevor er ihn in Aethras Schlafgemach führte, oder Athene riet Aethra, nach Sphairia zu fahren, wo Poseidon sie überraschte und mit ihr schlief.

VERWANDTE MYTHEN
Die Reise in ein fernes Land, der Sieg über ein Ungeheuer und die Flucht mit jungen Frauen, die Unterstützung gewähren – das sind Motive, die in Volksmärchen weit verbreitet sind.

3-SEKUNDEN-BIOGRAFIEN
POSEIDON/NEPTUN
Gott des Meeres und der Pferde, Bruder des Zeus
s. Seite 36

DER MINOTAUROS
Eine monströse Gestalt – halb Mensch, halb Stier
s. Seite 62

HERAKLES/HERKULES
Griechischer Held mit ungeheurer Stärke
s. Seite 96

30-SEKUNDEN-TEXT
Susan Deacy

Wie viele andere antike Helden führt Theseus ein ruhmreiches, aber auch tragisches Leben.

PERSEUS

30-Sekunden-Mythologie

Die Geburt des Perseus bezeugt

die Fähigkeit seines Vaters, Kinder in unverfänglicher Gestalt zu zeugen, hier einmal als Goldregen, der in jenen Turm eindrang, der Danaë gefangen hielt. Sie war dort eingekerkert, weil ein Orakel Danaës Vater Akrisios offenbart hatte, ihr Sohn werde ihn töten. Als Akrisios entdeckte, dass Danaë trotz seiner Vorkehrungen ein Kind zur Welt gebracht hatte, setzte er Mutter und Sohn in einer Kiste auf dem Meer aus.

Perseus und seine Mutter wurden an der Küste der Insel Seriphos angespült, über die König Polydektes herrschte. Dessen Bruder, ein einfacher Fischer, zog Perseus auf. Polydektes aber wollte Perseus' aus dem Weg schaffen, um dessen Mutter Danaë ehelichen zu können, und erteilte Perseus in der Hoffnung auf sein Scheitern den Auftrag, ihm das Haupt der Medusa zu bringen. Perseus gelang es, Medusa, die einzige sterbliche Gorgone, zu enthaupten. Geholfen wurde ihm in diesem Kampf von Athene, Hermes und drei unfreiwilligen Helfern, den Graien – Schwestern der Gorgonen. Zudem helfen ihm die Nymphen, die ihn einigen Quellen zufolge mit vier Werkzeugen ausstatten: einer Tarnkappe, die gewöhnlich von Hades getragen wurde, einem Paar Flügelsandalen, mit denen er ins »Land der Gorgonen« fliegen und später den Schwestern der Medusa entkommen konnte, einer Sichel aus Adamant, um Medusa zu enthaupten, und einer Tasche, um darin ihr Haupt aufzubewahren.

3-SEKUNDEN-ÜBERBLICK
Perseus ist es, der die Medusa tötet und Jungfrauen rettet, er ist der Sohn der Danaë und des Zeus (oder des Proteus, dem Bruder des Akrisios).

3-MINUTEN-PERSPEKTIVEN
Zu den Abenteuern, die Perseus auf seiner Heimreise bestehen muss, gehört die Tötung eines Seeungeheuers, das gerade die junge Andromeda verschlingen wollte. Andromeda war an einen Felsen gekettet worden, um den Zorn des Poseidon zu beschwichtigen, nachdem ihre Mutter behauptet hatte, die Nereiden an Schönheit zu übertreffen. Bei seiner Rückkehr nach Seriphos zeigte Perseus Polydektes das Haupt der Gorgone, worauf dieser zu Stein erstarrte. Später tötete Perseus, wie das Orakel prophezeit, den eigenen Großvater – wenn auch unabsichtlich – mit einem Diskus.

VERWANDTE MYTHEN
Ein Held, der drei Alten begegnet – meist Frauen, mitunter auch mit nur einem Auge –, ist ein folkloristisches Motiv, das auch in anderen Kulturen vorkommt.

3-SEKUNDEN-BIOGRAFIEN
ZEUS/JUPITER
König des Olymp, Himmelsgott
s. Seite 32

ATHENE/MINERVA
Göttin der Weisheit, der Kriegskunst und der Gerechtigkeit
s. Seite 52

HERMES/MERKUR
Götterbote
s. Seite 54

MEDUSA & DIE GORGONEN
Monströse weibliche Gestalten mit Schlangen als Haar
s. Seite 64

30-SEKUNDEN-TEXT
Susan Deacy

Perseus verdankt sich einem Seitensprung des Zeus und ist berühmt für seine Enthauptung der Gorgone Medusa.

TRAGISCHE GESTALTEN

TRAGISCHE GESTALTEN
GLOSSAR

Argonauten Die Argonauten waren eine Gruppe heldenhafter Abenteurer, benannt nach ihrem Schiff, der *Argo*, auf dem sie sich mit Jason auf die Suche nach dem Goldenen Vlies nach Kolchis am Schwarzen Meer begaben. Ihre Zahl variiert von Quelle zu Quelle, meist liegt sie bei etwa 50 Mann. Oft gehörten Herakles, Orpheus und Theseus zu den Argonauten. Die antiken Griechen behaupteten häufig, Nachfahren der Argonauten zu sein.

Goldenes Vlies Das Vlies eines goldenen Widders, der fliegen konnte. Jason benötigte es, um den Thron von Iolkos besteigen zu können. Viele Jahre zuvor war der Widder von Hermes entsandt worden, um das Leben zweier Königskinder zu retten, deren eifersüchtige Stiefmutter ihren Tod wollte. Der Widder trug sie auf seinem Rücken davon, doch die Tochter Helle stürzte ins Meer (daher der Name Hellespont), bevor sie das sichere Kolchis (im heutigen Georgien) erreicht hatten. Der Sohn opferte den Widder Zeus, das Vlies aber wurde an einer Eiche befestigt. Der hinterhältige König von Iolkus namens Pelias verfolgte Jason bei seiner Suche nach dem Vlies; er hoffte, dass die Suche mit Jasons Tod enden werde.

Mänaden (»die Wütenden«) weiblichen Anhänger des Dionysos, dem Gott des Weins und der Ekstase. Unter Alkohol gaben sich die Mänaden orgienhaften Ritualen hin, bei denen oft Tiere in Stücke gerissen wurden. Angeblich töteten sie Pentheus und Orpheus, nachdem beide bei Dionysos in Ungnade gefallen waren.

Metamorphose Die Verwandlung eines Wesens, in der Mythologie meist eines Menschen zu einem Tier oder einer Pflanze. In der griechischen Mythologie finden sich unzählige Beispiele für Metamorphosen, oft bewusst von einem Gott oder einer Göttin initiiert, um ein persönliches Ziel zu erreichen: so nahm Zeus etwa die Gestalt eines Schwans an, um Leda zu verführen. Oder aber die Metamorphose dient zur Bestrafung eines Sterblichen; so verwandelt Artemis Aktaion in einen Hirsch. Man geht davon aus, dass Geschichten über Metamorphosen in den frühen Religionen dazu dienten, Rückverwandlungen zu erklären: vom Anbeten tierischer zum Anbeten menschenähnlicher Gottheiten.

Orphische Mysterien Eine Sammlung sakraler Lyrik, die der mythologischen Figur des Orpheus zugeschrieben wird. Nach ihm wurde ein altgriechischer Kult – der Orphismus – bezeichnet. Seine Anhänger glaubten an die Doppelnatur des Menschen – teils göttlich (ein Erbe des Dionysos), teils böse (ein Erbe der Titanen). Nur bei denen, die einen streng sittlichen Weg beschritten und in Askese lebten, konnte das Göttliche über das Böse siegen.

Sieben gegen Theben Sieben Kämpfer der Streitmacht aus Argos, die mehrfach die ägyptische Stadt Theben angriffen. Nach der Abdankung des Ödipus herrschten dessen Söhne Eteokles und Polyneikes abwechselnd über Theben. Nach dem ersten Jahr weigerte sich Eteokles jedoch, dem Bruder den Thron zu überlassen. Daraufhin rief Polyneikes eine Heer aus Argos zusammen und griff Theben an. In der anschließenden Schlacht töteten die Brüder einander; das Heer von Argos wurde besiegt. In einer Familie, die bereits unter Inzest und Vatermord gelitten hatte, kam es so auch zum Brudermord.

Sphinx In der griechischen Mythologie war die Sphinx ein weibliches Ungeheuer, das einige für die Tochter der Echidna und des Typhon hielten. Sie hatte den Kopf einer Frau, den Körper eines Löwen und die Schwingen eines Adlers. Nach Theben entsandt (einigen Quellen zufolge von Hera), sollte sie dort für ein Verbrechen an der Stadt Rache nehmen. Sie gab ein Rätsel auf, das ihr die Musen genannt hatten; bei jeder falschen Antwort verschlang sie einen Bewohner von Theben. Ödipus löste das Rätsel, und die Sphinx stürzte sich von einer Klippe in den Tod. Zur Belohnung wurde Ödipus König von Theben und ehelichte die gerade erst verwitwete Königin – seine eigene Mutter.

ADONIS

30-Sekunden-Mythologie

Adonis stand für den Zyklus allen

Lebens: Leben – Tod – Wiedergeburt. Die Mythen um seine Rolle als Liebhaber der Aphrodite heben seine Schönheit und seinen frühen tragischen Tod hervor. Details zu Herkunft und Geburt variieren, aber eine verbreitete Version berichtet, dass er geboren wurde, nachdem Aphrodite seine Mutter Smyrna (römisch »Myrrha«) mit einem Fluch belegt hatte – einem unnatürlichen sexuellen Verlangen nach dem eigenen Vater. Als Smyrnas Vater sich des unabsichtlichen Inzests bewusst wurde, versuchte er seine Tochter zu töten, doch die Götter bewiesen Mitleid und verwandelten sie in einen Baum, aus dem Adonis geboren wurde. Aphrodite war geblendet von der Schönheit des Säuglings und verbarg ihn zum Schutz in einem Korb, den Persephone bewachen sollte. Persephone aber konnte nicht widerstehen und öffnete den Korb. Als sie das schöne Kind erblickte, wollte sie es nicht zurückgeben. Zeus schlichtete den Streit und erlaubte Adonis, vier Monate bei jeder Göttin zu leben; vier weitere Monate sollte er leben, bei wem es ihm beliebte. Adonis wählte Aphrodite. Als Jüngling blieb Adonis ein Liebling Aphrodites. Verwöhnt und unerfahren in der Jagd, wurde er von einem Wildschwein getötet, das wahrscheinlich der eifersüchtige Ares entsandt hatte. Es wurde Adonis allerdings gestattet, jedes Jahr für sechs Monate ins Leben zurückzukehren, um diese Zeit mit Aphrodite zu verbringen.

3-SEKUNDEN-ÜBERBLICK
Adonis ist ein schöner junger Mann, der Liebling von Aphrodite; er wird mit Fruchtbarkeit in Verbindung gebracht.

3-MINUTEN-PERSPEKTIVEN
Sterbliche Männer, die von Göttinnen geliebt wurden, fanden oft ein unseliges Ende. Kalypso verzweifelte, als der von Zeus entsandte Hermes ihr befahl, Odysseus freizugeben, auch wenn seine Geschichte ein gutes Ende nahm. Aurora erwarb für ihren Liebsten Tithonos die Unsterblichkeit, vergaß jedoch um ewige Jugend zu bitten; so wurde er zum Greis, während sie jung blieb. In *Der Goldene Zweig* macht James Frazer den menschlichen Adonis zu einem Gott (der Pflanzen) und nennt ihn exemplarisch für den Mythos des sterbenden und wieder aufsteigenden Gottes.

VERWANDTE MYTHEN
Als weiser Schiedsrichter erinnert Zeus an *Solomon*, der zwischen zwei Frauen wählen sollte, die einen Säugling als ihr eigen beanspruchten.

3-SEKUNDEN-BIOGRAFIEN
ZEUS/JUPITER
König des Olymp, Himmelsgott
s. Seite 32

APOLLON
Gott der Sonne, Musik und Dichtkunst
s. Seite 42

APHRODITE/VENUS
Göttin der Liebe und Schönheit
s. Seite 50

DIONYSOS/BACCHUS
Gott des Weins und Theaters, Sohn von Zeus
s. Seite 56

30-SEKUNDEN-TEXT
Emma Griffiths

Die strahlende Schönheit des Adonis lässt den Streit der Göttinnen entbrennen.

ÖDIPUS

30-Sekunden-Mythologie

Durch ein Orakel erfuhr Laios, der

König von Theben, von seinem zukünftigen Sohn getötet zu werden. Als seine Frau Iokaste einen Knaben gebar, wurde dieser in der Wildnis ausgesetzt. Er wurde jedoch vor dem sicheren Tod gerettet und dem kinderlosen Königspaar von Korinth übergeben.

Als Erwachsener besuchte Ödipus das Orakel von Delphi, um zu erfahren, ob er ein eheliches Kind sei. Das Orakel prophezeite, er werde seinen Vater töten und seine Mutter heiraten. Anstatt nach Korinth zurückzukehren, wo er seine Eltern wähnte, ergriff Ödipus entsetzt die Flucht. Vor Theben begegnete ihm ein Reisender, Laios, der König von Theben – und sein leiblicher Vater. Ödipus war sich der Identität des Mannes nicht bewusst und tötete ihn im Streit, worauf er seine Fahrt nach Theben fortsetzte.

Vor der Stadt traf Ödipus auf die Sphinx, ein Ungeheuer mit dem Körper eines Löwen, dem Gesicht einer Frau und den Flügeln eines Vogels. Sie gab den Reisenden Rätsel auf, und solange es nicht gelöst wurde, verspeiste sie all jene Einwohner Thebens, die durch das Stadttor ein- oder austraten. Ödipus löste das Rätsel, und die Sphinx stürzte sich in den Tod. Ödipus wurde darauf der freie Thron und die Hand der Königin Iokaste angeboten. Erst Jahre später erkannte er, wer er wirklich war und was er getan hatte.

3-SEKUNDEN-ÜBERBLICK
Das Schicksal des Ödipus erfüllte sich, nachdem er seinen Vater töten und seine Mutter ehelichen sollte.

3-MINUTEN-PERSPEKTIVEN
Nach einem Bericht lautet das Rätsel der Sphinx: »Was hat eine Stimme, geht vierfüßig, dann zweifüßig und später dreifüßig?« Ödipus antwortete: »Der Mensch. Ein Kleinkind geht auf vier Füßen, ein Erwachsener auf zwei Füßen, und im Alter geht der Mensch am Stock, sodass er drei Füße hat.« ›Das Rätsel des Menschen‹, wie es genannt wird, ist in vielen Ländern bekannt.

VERWANDTE MYTHEN
Auch *Judas Ischariot* wird nach einer mittelalterlichen Legende nachgesagt, er habe den eigenen Vater getötet und seine Mutter geheiratet.

3-SEKUNDEN-BIOGRAFIEN
ODYSSEUS/ULYSSES
Griechischer Held, berühmt für seine Intelligenz
s. Seite 102

THESEUS
König und Gründer von Athen
s. Seite 106

PERSEUS
Griechischer Held, der die Medusa tötete
s. Seite 108

ÖDIPUS-KOMPLEX
Begriff aus der Psychoanalytik für den Kindheitstrieb jedes Jungen, seinen Vater zu töten, um über die Mutter verfügen zu können.
s. Seite 142

30-SEKUNDEN-TEXT
William Hansen

Freud sah hinter der Tragödie des Ödipus einen universellen Wunsch des Mannes.

ANTIGONE

30-Sekunden-Mythologie

Antigone entsprang der inzes-

tuösen Beziehung zwischen Ödipus und Iokaste. Nachdem der Inzest ihres Vaters ans Tageslicht gekommen war, kam es zum Krieg, in dem Polyneikes, ein Bruder der Antigone, eine Streitmacht gegen Theben führte. Die Stadt wurde von einem anderen Bruder, Eteokles, verteidigt. Beide Brüder töteten einander, und Antigone schwor, Polyneikes ehrenvoll zu bestatten, obwohl Kreon, der König von Theben, den Befehl erteilt hatte, den Körper Hunden und Vögeln zum Fraß vorzuwerfen. Überzeugt von der Moralität ihrer Handlung, bestattete Antigone Polyneikes, wurde jedoch gefasst und Kreon vorgeführt. Zu ihrer Verteidigung machte sie geltend, das Gesetz der Götter stehe über dem der Menschen; Kreon seinerseits beharrte darauf, dass das Gesetz des Staates über allem stehen müsse. Er führte somit die Frage der Wahl zwischen der Verpflichtung gegenüber dem Staat und der persönlicher Moralität ein. Antigone wurde daraufhin lebendig in einer Höhle begraben, wo sie sich später erhängte. Haimon, der Sohn Kreons, der Antigone heiraten wollte, fand sie tot und stürzte sich in lebensmüdem Zorn erst auf seinen Vater, um sich dann selbst zu töten. Als Eurydike, Königin von Theben und Gattin des Kreon, vom Tod ihres Sohnes erfuhr, beging auch sie Selbstmord. Kreon blieb allein zurück.

3-SEKUNDEN-ÜBERBLICK
Antigone versucht ihren toten Bruder ehrenvoll zu bestatten und büßt dafür mit dem Tod.

3-MINUTEN-PERSPEKTIVEN
Das Bühnenwerk von Sophokles war das erste, das Antigone in den Mittelpunkt stellte, aber auch Euripides verfasste über sie ein heute verschollenes Drama. Immerhin wissen wir, dass Kreon Haimon darin beauftragte, das Mädchen hinzurichten. Haimon aber versteckte sie auf dem Land, wo sie sein Kind zur Welt brachte. Als Antigones Sohn später die Spiele in Theben besuchte, wurde er erkannt. Haimon sah ein, dass sich nicht weiter verheimlichen ließ, dass Antigone noch am Leben war. Aus Furcht vor dem Zorn seines Vaters tötete er sie und sich selbst.

VERWANDTE MYTHEN
Die Geschichte von Antigone wurde vom französischen Dramatiker Jean Anouilh (1943), vom deutschen Bühnenautor Bertolt Brecht (1948), von der spanischen Autorin María Zambrano (1967) und dem irischen Dichter Seamus Heaney (2007) aufgegriffen.

3-SECOND BIOGRAPHY
ÖDIPUS
König von Theben, der seinen Vater tötete und seine Mutter heiratete
s. Seite 116

30-SEKUNDEN-TEXT
Barry B. Powell

Die Familie des Ödipus ist die meist zerrüttete Familie der antiken Mythologie. Seine Tochter Antigone erhängt sich, nachdem sich ihre Brüder gegenseitig getötet haben.

ORPHEUS & EURYDIKE

30-Sekunden-Mythologie

Orpheus war ein berühmter

Dichter und Sänger. Wenn er zum Spiel auf seiner Leier sang, lauschten ihm nicht nur die Menschen, sondern auch Vögel und andere Tiere, Bäume, Flüsse und Felsen. Seine Geliebte, Eurydike, starb durch den Biss einer Schlange an ihrem Hochzeitstag. Orpheus stieg hinab in die Unterwelt und spielte vor Hades und Persephone mit der Bitte, seine Frau zurückzubekommen. Die sonst unerbittlichen Götter des Todes waren so gerührt, dass sie Eurydike ausnahmsweise gestatteten, den Hades zu verlassen – unter einer Bedingung: Orpheus müsse vorangehen und dürfe sich nicht umdrehen, um zu schauen, ob sie ihm folge. Die, die davon berichteten, haben sich immer wieder gefragt, warum sich Orpheus, kurz vor der Rückkehr ans Tageslicht, umdrehte und Eurydike ein zweites und letztes Mal sah. Nach einer anderen Fassung des Mythos erhielt Orpheus nicht Eurydike, sondern lediglich ein Trugbild. Der gebrochene Dichter zog sich in die Einöde zurück, um von seiner Trauer zu singen. Am Ende wurde er von den Mänaden, den wilden Anhängrn des Dionysos, getötet; sie rissen ihn in Stücke und warfen seinen immer noch singenden Kopf in den Fluss Hebros.

3-SEKUNDEN-ÜBERBLICK
Die wohl tragischste Liebesgeschichte der griechischen Mythologie handelt von Orpheus und dem wiederholten Verlust seiner geliebten Eurydike.

3-MINUTEN-PERSPEKTIVEN
Die Griechen glaubten, dass Orpheus ein realer antiker Dichter und Religionslehrer gewesen sei. Auf seinen Namen beruft sich eine eigene Religion – die Orphik. Sie gründet auf Reinkarnation und Läuterung der Seelen durch ein Leben in Askese. Einige Gelehrte der Gegenwart denken, dass der wirkliche Orpheus ein Schamane gewesen sein könnte, ein Stammesmagier, der behauptete, in das Reich der Toten eintreten und es wieder verlassen zu können.

VERWANDTE MYTHEN
Die Katabasis oder der Abstieg in die Unterwelt ist ein häufiges mythisches Motiv. In einer finnischen Legende konnte die Mutter des Helden *Lemminkäinen* ihren Sohn erfolgreich aus der Unterwelt befreien.

3-SEKUNDEN-BIOGRAFIEN
DIONYSOS/BACCHUS
Gott des Weins und des Wahnsinns, Sohn von Zeus
s. Seite 56

HADES
Die Unterwelt und der Name ihres Herrschers
s. Seite 82

30-SEKUNDEN-TEXT
Geoffrey Miles

Der vergebliche Versuch von Orpheus und Eurydike, bis in den Tod in Liebe vereint zu sein, ist eine der tragischsten Geschichten der Antike.

JASON & MEDEA

30-Sekunden-Mythologie

Jason war Thronanwärter, wurde

aber von seinem Onkel Pelias angewiesen, das Goldene Vlies zu suchen, das Fell jenes goldenen Widders von Kolchis (im heutigen Georgien), der fliegen konnte. In den *Argonauten*, der Hauptquelle des Mythos, berichtet Apollonios von Rhodos, wie Jason, unterstützt durch eine Gruppe von Helden – die Argonauten – Kolchis erreicht, sich aber den unlösbaren Aufgaben des Königs Aietes gegenüber sah. Die Königstochter Mede verliebte sich in Jason, und als der ihr versprach, sie zu heiraten, nutzte sie ihr magisches Können, Jason das Goldene Vlies gewinnen zu lassen. Während dessen Heimkehr nach Griechenland tötete sie den Riesen Talos, der das Schiff an der Heimreise hindern wollte. Nachdem sie aber Korinth erreicht hatten, verließ Jason Medea für die dortige Königstochter.

In der Version des Euripides rächte sich Medea, indem sie ihre beiden gemeinsamen Kinder tötet. Danach verläuft sich das Schicksal Jasons im Dunkeln; er soll von einer Planke seines früheren Schiffes, der *Argo*, erschlagen worden sein. Medea verließ jedenfalls Korinth und wurde in Athen von König Aigeus willkommen geheißen. Nachdem ihr Plan, den Stiefsohn des Aigeus, Theseus, zu töten, scheiterte, verließ sie Athen und reiste weiter nach Osten, wo ihr Sohn, Medus, das Geschlecht der »Medes« gründete. Nach ihrem Tod wurde Medea ins Elysion gebracht und heiratete Achilles.

3-SEKUNDEN-ÜBERBLICK
Medeas magische Kräfte helfen Jason, das Goldene Vlies zu ergattern. Sie heiraten und bekommen zwei Kinder. Jason aber verlässt sie später, worauf Medea aus Rache ihre gemeinsamen Kinder tötet.

3-MINUTEN-PERSPEKTIVEN
Zauberei wurde traditionell mit fremden, entfernten Orten assoziiert, wo die Regeln der Zivilisation außer Kraft gesetzt waren. Medea war die Nichte der Kirke, die Homers Odysseus verführte. In einigen Versionen suchten Jason und Medea Kirke auf, um nach der Ermordung von Medeas Bruder Absyrtus während ihrer Flucht aus Kolchis geläutert zu werden. Der Name Medea bedeutet »Intrigantin«, und der Name Jason bedeutet »Heiler«. Heilkunde und Magie waren in der Welt der Antike eng verbunden.

VERWANDTE MYTHEN
Wie Medea nahm auch Klytaimnestra zum Teil Rache an ihrem Mann Agamemnon, weil er aus Troja mit einer Geliebten, Kassandra, heimkehrte, obwohl er, wie auch Medea, ihre gemeinsame Tochter Iphigenie geopfert hatte.

3-SEKUNDEN-BIOGRAFIEN
APOLLON
Gott der Sonne, Musik und Dichtkunst
s. Seite 42

ACHILLES
Größter Held des Trojanischen Kriegs, Sohn der Nymphe Thetis
s. Seite 98

THESEUS
König und Gründer von Athen
s. Seite 106

30-SEKUNDEN-TEXT
Emma Griffiths

Medea, eine betrogene Frau, übt Rache an Jason, indem sie ihre beiden Kinder tötet.

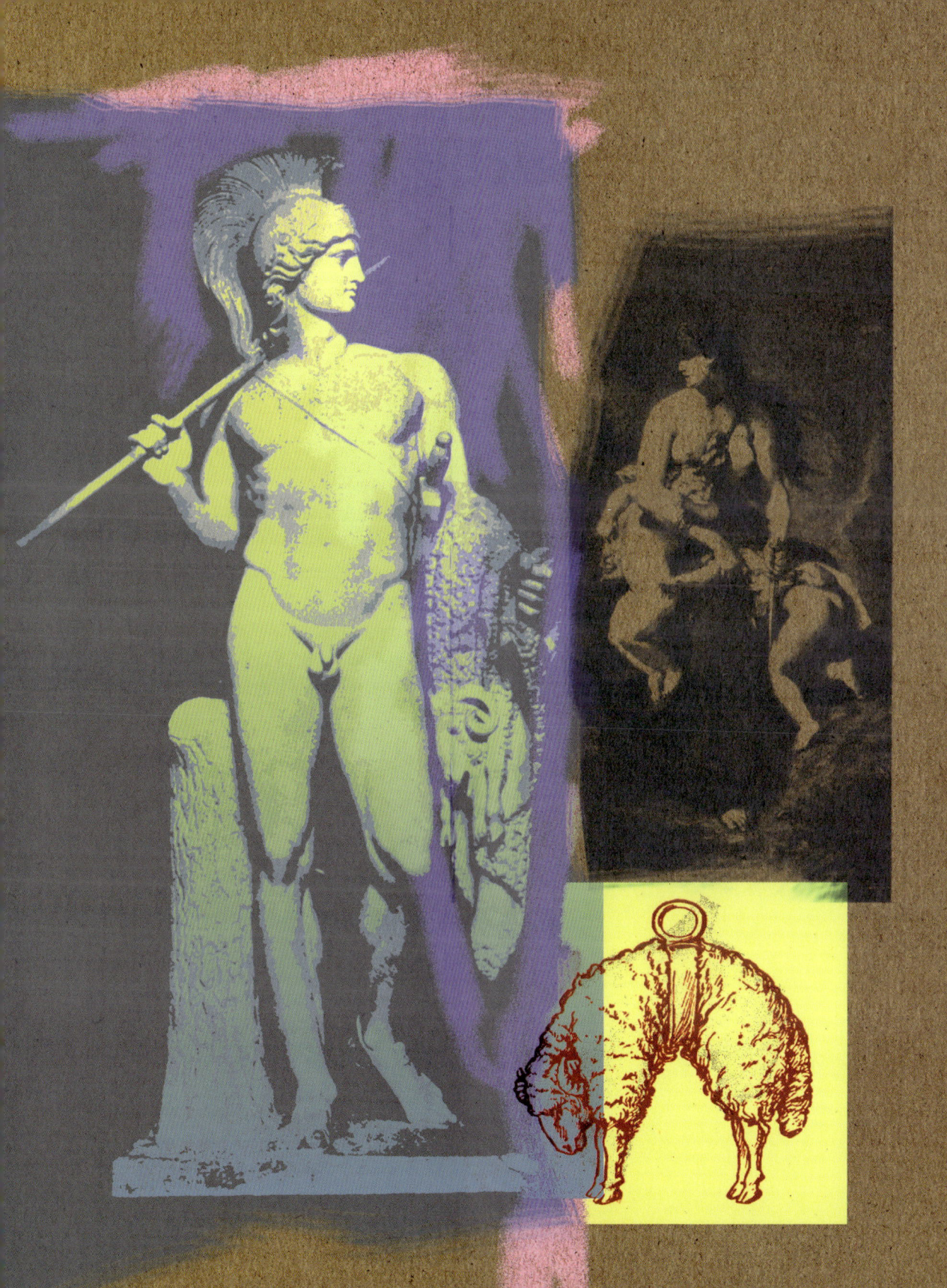

AIAS/AJAX

30-Sekunden-Mythologie

Dieser Krieger wurde nur vom

griechischen Kämpfer Achilles in der Schlacht von Troja übertroffen. Er war der Sohn von Telamon und wird oft als »Aias der Telamonier« oder »Ajax der Große« bezeichnet, im Gegensatz zu seinem griechischen Mitkämpfer und Namensvetter Aias, Sohn von Oileus, der »Ajax der Kleine« oder »Aias der Lokrer« genannt wird. Oft wird er mit einem gigantischen Schild aus siebenfachem Rindsleder und einer Schicht Bronze dargestellt. Per Losentscheid wurde er erwählt, Hektor in einem Zweikampf entgegenzutreten, der einen ganzen Tag dauerte. Letztendlich ging der Kampf unentschieden aus. Als Achilles starb, bargen Aias und Odysseus seinen Körper. In einem Rededuell um die Rüstung des Achilles, die vom Gott Hephaistos gefertigt worden war, stellte Odysseus den Aias ohne Schwierigkeit in den Schatten und gewann den Preis. Athene, die Schutzgöttin des Odysseus, trieb Aias daraufhin in den Wahnsinn. Er tötete eine Schafherde, die er für die griechischen Anführer und Schiedsrichter hielt. Als er zu sich kam und sah, dass er von Kopf bis Fuß mit Schafsblut besudelt war, zog der gedemütigte Aias allein zum tosenden Meer und stürzte sich in sein Schwert. Als Odysseus der Seele des Aias im Hades begegnete, schwieg Aias und wandte sich still von ihm ab.

3-SEKUNDEN-ÜBERBLICK
Aias war ein großer Kämpfer im Trojanischen Krieg. Als es ihm misslang, die Rüstung des toten Achilles zu gewinnen, stürzte er sich in sein Schwert.

3-MINUTEN-PERSPEKTIVEN
In der Überlieferung von Aias gibt es nicht nur den Gegensatz zwischen dem mächtigen, aber letztendlich schwachen Aias und dem kleinen, aber schlaueren Odysseus, sondern auch den Gegensatz zwischen Aias und Achilles. Achilles war ein Halbgott und genoss den Schutz der Götter; Aias war zwar ein Sohn des Zeus, aber trotzdem nur ein Sterblicher, dem keiner der Götter zur Seite stand.

VERWANDTE MYTHEN
Die Geschichte des mächtigen, aber todgeweihten Helden kommt auch in biblischen Geschichten vor: *Goliath* wird von *David* besiegt, und *Samson* von *Delila* betrogen.

3-SEKUNDEN-BIOGRAFIEN
HOMER
Autor der *Ilias* und der *Odyssee*
s. Seite 44

ACHILLES
Der berühmteste Krieger im Trojanischen Krieg
s. Seite 98

ODYSSEUS/ULYSSES
Griechischer Held, berühmt für seine Intelligenz
s. Seite 102

30-SEKUNDEN-TEXT
Barry B. Powell

Die große Körperkraft des Aias steht im Gegensatz zur gelegentlichen Schwäche seines Geistes. Am Ende begeht er Selbstmord.

DIDO

30-Sekunden-Mythologie

Sie war die legendäre Gründerin

und erste Königin von Karthago im heutigen Tunesien. Laut Archäologen wurde Karthago um 825 v. Chr. gegründet, und Dido (wahrscheinlich phönizisch für »Jungfrau«) könnte tatsächlich gelebt haben. Als Didos Bruder Pygmalion ihren Mann Sychaeus ermordete, floh Dido aus Tyros an der Ostküste des Mittelmeers und reiste zur fernen Küste Nordafrikas. Dort gründete sie Karthago. Nach Vergils *Aeneis* gelangte der trojanische Held Aineias auf seiner Flucht aus Troja nach Afrika. Seine Mutter Venus (Aphrodite) sorgte dafür, dass sich Dido in den Fremden verliebte. Sie hatten eine leidenschaftliche Beziehung. Am Ende entsandte Jupiter (Zeus) den Götterboten Merkur (Hermes), um Aineias zur Fortsetzung seiner Mission zu bewegen – zur Gründung Roms. Als Aineias die Küste Afrikas verließ, nahm sich Dido auf einem Scheiterhaufen das Leben. Vor ihrem Tod verfluchte sie den Trojaner und all seine römischen Nachfahren. Von seinem Schiff aus sah Aineias in der Ferne den brennenden Scheiterhaufen. Die Punischen Kriege zwischen Römern und Karthagern im 2. und 3. vorchristlichen Jahrhundert waren die blutigsten der Antike.

3-SEKUNDEN-ÜBERBLICK

Als Aineias Dido, die schöne Königin von Karthago, verließ, um seiner Bestimmung als Stammvater des römischen Volkes zu folgen, beging sie Selbstmord und verfluchte seine Nachfahren.

3-MINUTEN-PERSPEKTIVEN

Aineias sah Dido, als er seinen Vater in der Unterwelt besuchte. Er bat sie um Vergebung, Dido aber kehrte ihm den Rücken und folgte dem Geist ihres Mannes Sychaeus. Die romantische Geschichte von Dido und Aineias wurde seit der Renaissance überaus populär. Christopher Marlowes erstes Theaterstück, *Dido, Queen of Carthage*, behandelte das Thema (1594); viele Opern fanden darin Inspiration, so etwa die Werke von Francesco Cavalli (1641), Henry Purcell (1689), Niccolò Piccinni (1770) und Hector Berlioz (1860).

VERWANDTE MYTHEN

In griechischen Mythen gibt es häufig tragische Liebesbeziehungen, etwa die von Jason und Medea oder Helena und Paris, auf denen die Geschichte von Aineias und Dido zum Teil basiert. Auch Odysseus verfielen zwei Halbgöttinnen: die Hexe Kirke, mit der er ein Jahr verbrachte, und die Nymphe Kalypso, die ihn sieben Jahre auf ihrer Insel festhielt.

3-SEKUNDEN-BIOGRAFIEN

TROJA
Stadt am Hellespont, Schauplatz des Trojanischen Kriegs
s. Seite 88

AINEIAS
Trojanischer Held, Urahn der Römer
s. Seite 104

VERGIL
Römischer Dichter, Schöpfer der *Aeneis*
s. Seite 128

30-SEKUNDEN-TEXT
Barry B. Powell

Dido hat Pech in der Liebe. Ihr Bruder tötet ihren Mann, und ihr Geliebter verlässt sie.

15. Oktober 70 v. Chr.
Geburt in Andes bei Mantua

42 v. Chr.
Beginn der Arbeit an den *Eklogen*

39–38 v. Chr.
Veröffentlichung der *Eklogen*

37–29 v. Chr.
Niederschrift der *Georgica*

29–19 v. Chr.
Niederschrift der *Aeneis*

19 v. Chr.
Auf Geheiß des Kaisers Augustus wird die *Aeneis* von Lucius Varius Rufus und Plotius Tocca (Vergils Nachlassverwaltern) fertiggestellt und posthum veröffentlicht; Vergil hatte sich gewünscht, das Werk solle verbrannt werden.

21. September 19 v. Chr.
Tod in Brundisium (heute Brindisi)

1697
Die *Aeneis* wird von John Dryden übersetzt

1883
Die Eklogen werden übersetzt und illustriert von Samuel Palmer

1958
Die *Bucolica* wird übersetzt von Theodor Haecker

1994
Die *Georgica* wird übersetzt von Otto Schönberger

2005
Die *Aneis* wird übersetzt von Gerhard Fink

2008
Die *Aeneis* wird übersetzt von Edith und Gerhard Binder

2011
Die *Bucolica* wird übersetzt von Winfried Tilmann

VERGIL

Vergil (Publius Vergilius Maro)
war einer der berühmtesten Dichter des antiken
Rom, Meister der Pastorale und des Epos zugleich. Er hatte maßgeblichen Einfluss auf die
westliche Literatur. Dante machte ihn zu seinem
Mentor und Führer durch Hölle und Fegefeuer.
Vergil prägte manche Redewendung, von denen
omnia vincit amor (Die Liebe besiegt alles) die
bekannteste ist.

Nachdem er eine Karriere als Jurist aus-
geschlagen hatte, wandte sich Vergil, wie auch
Ovid, der Dichtkunst zu, mit der er – trotz einer
chronischen Erkrankung und Schmähungen durch
junge Männer aus wohlhabendem Hause – sehr
erfolgreich war. Berühmt ist er für seine *Eklogen*
und *Georgica* sowie das Epos *Aeneis*. Die *Eklogen*
und *Georgica* behandeln vornehmlich das Leben
auf dem Land und sind voller Anspielungen auf
die politische Situation im Rom seiner Zeit. Es
war Vergil, der den Sehnsuchtsort Arkadien ent-
warf, jenes idyllische, golden-ländliche Paradies,
das in der europäischen Romantik zum Ideal er-
hoben wurde, den Tod dabei allerdings nicht
ausblendete. Vergils Mittlerschaft zwischen
alter und neuer Zeit wird vom vierten Buch
der *Eklogen* gestützt, das den Christen als
Ankündigung der Geburt Jesu galt. Das sechste
Buch behandelte aus ihrer Sicht Orpheus als heid-
nischen Gott von Tod und Wiedergeburt.

Vergils berühmtestes und einflussreichstes
Werk ist unbestritten die *Aeneis*. Das Auftrags-
werk des Kaisers Augustus war nicht nur das
literarische Bindeglied zwischen den antiken
Traditionen der Griechen und Römer, sondern
wurde auch zum Ausdruck der Identität Roms
– teils Geschichte, teils Mythos. Anknüpfend
an Homers Epen *Ilias* und *Odyssee* erzählt es
die Geschichte von Aineias, dem Sohn von
Anchises, Prinz von Troja, und der Göttin Aphrodite. Nachdem die Trojaner den Krieg verloren
hatten, ergriff Aineias mit seinem Vater und
einigen Gefolgsleuten die Flucht, beseelt von der
Prophezeiung, er werde zum Stammvater eines
mächtigen und großen Volkes. Nach kurzen Auf-
enthalten in Sizilien und Karthago, wo er Dido
umwarb und später von sich wies – die Ursache
für den Ausbruch der Punischen Kriege –, ließ
er sich zuletzt in Latium nieder. Nach seinem
Tod wurde Aineias vergöttert. Seine Nachfahren
Romulus und Remus errichteten schließlich Rom.
Die Kaiser Julius und Augustus führten ihre
Abstammung auf Aineias zurück und schufen
so eine Verbindung zu den Göttern des Olymp.
Damit begründete Rom letztlich seinen göttlichen Ursprung.

PHAETHON

30-Sekunden-Mythologie

Wie Ikarus war auch Phaethon

(»der Strahlende«) eigentlich ein Halbstarker, dessen Leben ein tragisches Ende nahm. Einer Legende zufolge erzählte ihm seine Mutter Klymene, er sei das Kind des Sonnengottes Helios. Da Phaethon ihr jedoch keinen Glauben schenkte, versprach Helios, ihm einen Beweis seiner Vaterschaft zu liefern. Nach einer anderen Fassung der Geschichte bezweifelten Phaethons Freunde, dass er der Sohn eines Gottes sei, sodass er nach dem versprochenen Beweis verlangte. Als sein Vater ihm die Erfüllung eines beliebigen Wunsches zusagte, bat Phaethon darum, den Sonnenwagen, den Helios tagtäglich mit geflügelten Rössern über den Himmel steuerte, lenken zu dürfen. Obwohl Helios versuchte, seinen Sohn von diesem selbstmörderischen Plan abzubringen, konnte er sein Versprechen nicht zurückziehen und ihm nur vergebliche Ratschläge erteilen. Die Rösser erwiesen sich als unbeherrschbar. Als Phaethon über den Himmel raste und der Erde zu nahe kam, verbrannte er die Länder Afrikas. Aus Sorge, die gesamte Erde könne zerstört werden, erschlug Zeus Phaethon mit einem Blitz; sein toter Körper stürzte in den Fluss Eridanos. Wie Ikarus, der der Sonne zu nahe kam, dient auch das Ende Phaethons als Warnung vor jugendlichem Leichtsinn. Die Enkeltochter des Helios, Medea, lenkte den Wagen später erfolgreicher, als sie sich seiner nach der Ermordung ihrer Kinder zur Flucht aus Korinth bediente.

3-SEKUNDEN-ÜBERBLICK
Phaethon, der Sohn des Sonnengottes, kam beim Nacheifern seines Vaters ums Leben, als er dessen Sonnenwagen über den Himmel lenkte.

3-MINUTEN-PERSPEKTIVEN
Die Warnung: »Überlegt euch genau, was ihr euch wünscht«, findet sich auch in der Geschichte von Semele, einer Geliebten des Zeus. Dessen eifersüchtige Frau Hera führt Semele hinters Licht: Semele solle Zeus bitten, ihr zu zeigen, in welcher Gestalt er Hera zum erstes Mal erschienen sei. Zeus hatte eingewilligt, alles zu tun, worum Semele ihn bat, und obwohl er versuchte, sie von diesem Wunsch abzubringen, musste er sein Versprechen halten. Semele aber, die sterblich war, verbrannte zu Asche, als Zeus die Gestalt reinen Lichts annahm.

VERWANDTE MYTHEN
Die Unwiderrufbarkeit eines Segens oder eines Schwurs klingt auch in der biblischen Geschichte von *Isaak* an; durch eine List erschleicht sich sein jüngerer Sohn *Jakob* einen Segen, der für den erstgeborenen *Esau* bestimmt war.

3-SEKUNDEN-BIOGRAFIEN
ZEUS/JUPITER
König des Olymp, Himmelsgott
s. Seite 32

IKARUS
Sohn von Daidalos, der zu nahe an der Sonne flog
s. Seite 132

30-SEKUNDEN-TEXT
Emma Griffiths

Phaethons jugendlicher Überschwang führt ins Fiasko. Die Geschichte behandelt das griechische Ideal der Besonnenheit.

IKARUS

30-Sekunden-Mythologie

Minos, der König von Kreta, hatte

den brillanten Erfinder Daidalos in eben das Labyrinth eingesperrt, das dieser auf Anordnung des Königs selbst errichtet hatte. Daidalos schloss eine Flucht zu Land oder Wasser aus, da Kreta eine Insel war und Minos das Meer kontrollierte. Es blieb nur eine letzte Möglichkeit: die Flucht durch die Luft. Daidalos sammelte Federn und band sie mit Garn und Wachs zu Flügeln zusammen. So fertigte er je ein Paar für sich und für seinen Sohn Ikarus. Als der Zeitpunkt zur Flucht günstig war, warnte Daidalos seinen Sohn, nicht zu niedrig zu fliegen, da die Feuchtigkeit des Meeres die Flügel belasten könne, aber auch nicht zu hoch, weil sonst die Sonne das Wachs zum Schmelzen brächte. Die beiden stiegen in die Lüfte, der Sohn folgte seinem Vater. Einige Menschen, die sie am Himmel erblickten, nahmen an, sie seien Götter. Ikarus war so beschwingt, dass er immer höher aufstieg, bis die Sonne das Wachs seiner Flügel zum Schmelzen brachte. Er stürzte in den Tod. Das Meer, in dem er ertrank, wurde als Ikarisches Meer bekannt, und die nahegelegene Insel, auf der der trauernde Vater seinen Sohn bestattete, trägt bis heute den Namen Ikaria.

3-SEKUNDEN-ÜBERBLICK
Ikarus war ein griechischer Jüngling, dessen Flügel, aus Wachs gefertigt, schmolzen, als er der Sonne zu nahe kam.

3-MINUTEN-PERSPEKTIVEN
Das Ikarische Meer erhielt seinen Namen vermutlich von der Insel Ikaria. Wie die Insel jedoch zu ihrem Namen kam, ist bloße Vermutung. Nach der Legende von Ikarus wurden Meer und Insel so benannt, weil Ikarus dort im Ozean ertrank und auf der Insel bestattet wurde. Derartige ätiologische Motive, die mitunter den Schluss tradierter Mythen bilden, begründen ein heutiges Faktum mit einem Geschehen der Vergangenheit.

VERWANDTE MYTHEN
In der Mythologie setzen Menschen, die den Traum vom Fliegen verwirklichen, eher selten künstliche Flügel ein; sie sitzen meist auf großen Vögeln. Frühestes Beispiel dafür ist *Etana* (Mesopotamien).

3-SECOND BIOGRAPHY
PHAETHON
Junger Mann, der den Sonnenwagen lenkte und auf tragische Weise ums Leben kam
s. Seite 130

30-SEKUNDEN-TEXT
William Hansen

Hochmut kommt vor dem Fall – das muss auch Ikarus erfahren.

AKTAION

30-Sekunden-Mythologie

Aktaion entstammte einer berühmten Dynastie. Seine Mutter Autonoë war die Tochter des Kadmus, eines Helden aus Theben; dessen Vater wiederum war Aristaios, ein Sohn des Apollon. Aktaion, vom Kentauren Chiron ausgebildet, wurde ein berühmter Jäger. Mitunter gilt er als Begleiter der Göttin Artemis. In der zentralen Fassung des Mythos, wie er sich bei Kallimachos und Ovid findet, beschämte Aktaion die Göttin, als er sie nackt im Wald beobachtete. In anderen Versionen wird behauptet, er prahle damit, besser als Artemis zu jagen oder ein Freier der Prinzessin Semele gewesen zu sein, der Geliebten des Zeus. Wie auch immer, die Strafe ist allen Fassungen gemeinsam: Artemis verwandelte ihn in einen Hirsch und trieb seine Hunde in eine derart wahnsinnige Blutgier, dass sie ihn auf dem Berg Kithairon in Stücke rissen. Der Berg erreichte übrigens insofern traurige Berühmtheit, als auch Protheus dort in Stücke gerissen wurde, nachdem er Dionysos beleidigt hatte; auch Ödipus wurde dort als Säugling unmittelbar nach seiner Geburt ausgesetzt. Jedenfalls berichten manche Erzählungen von den Hunden, diese seien, nachdem sie ihre Tat begriffen hätten, so traurig gewesen, dass Chiron eine Statue des Aktaion angefertigt hätte, um sie zu trösten.

3-SEKUNDEN-ÜBERBLICK
Ein Jäger der griechischen Mythologie, der Artemis zu nahe trat, dafür in einen Hirsch verwandelt und von seinen eigenen Hunden zerfleischt wurde.

3-MINUTEN-PERSPEKTIVEN
Die Verwandlung vom Menschen zum Tier ist ein weitverbreitetes Motiv in Mythen. Kallisto wurde in einen Bären verwandelt, als sie ihr Gelübde gegenüber Artemis brach, anschließend gejagt und getötet. Obwohl viele Verwandlungen als Bestrafung gedacht waren, konnten sie auch einen Akt der Erlösung darstellen: Prokne und Philomela wurden in Vögel verwandelt, als sie auf der Flucht vor Tereus waren, und Zeus verwandelte Io in eine Kuh, um sie vor der Eifersucht Heras zu schützen.

VERWANDTE MYTHEN
Im ugaritischen Mythos von *Daniel* und *Aqhat* tötete die Göttin *Anat* den Jäger *Aqhat*, als er einen Handel ablehnte und sie damit beleidigte.

3-SEKUNDEN-BIOGRAFIEN
ZEUS/JUPITER
König des Olymp, Himmelsgott
s. Seite 32

ARTEMIS/DIANA
Tochter von Zeus und Leto, jungfräuliche Göttin der Jagd
s. Seite 46

DIONYSOS/BACCHUS
Gott des Weins und Theaters, Sohn von Zeus
s. Seite 56

30-SEKUNDEN-TEXT
Emma Griffiths

Als Strafe dafür, dass er sie nackt beobachtet, verwandelt Artemis den Jäger Aktaion in seine eigene Beute.

DAS VERMÄCHTNIS

Hypersexualität Sexuelles Verlangen von Männern oder Frauen, das ein normales Sozialverhalten belastet. Dieser Begriff ersetzt die traditionell und mythologisch verwurzelten Begriffe ›Nymphomanie‹ und ›Satyriasis‹.

Komplex Ein Begriff aus der Psychologie, der von C. G. Jung geprägt wurde. Er beschreibt eine Ansammlung gefühlsbestimmter Erfahrungen, die entweder auf Erlebnissen aus der Kindheit beruhen (Freud) oder angeborene Archetypen sind (Jung). Der Komplex kann sich unterschiedlich manifestieren und steht gewöhnlich stellvertretend für etwas anderes. Zur Beurteilung eines psychischen Zustands muss der Komplex erkannt werden. Die Freudianer benutzten diesen Begriff exklusiv, etwa in der Rede vom ›Ödipus-Komplex‹.

neurotisch In der Psychoanalyse das Leiden an einem unbewussten emotionalen Konflikt, der bis in die Kindheit zurückreicht. Er äußert sich im Erwachsenenalter auf Arten, die auf den ersten Blick nichts mit der Kindheit zu tun haben; es sind aber tatsächlich verdeckte Äußerungen ungelöster sexueller und emotionaler Spannungen. Traditionell werden Neurosen durch Problemanalyse behandelt.

Nymphomanie Ein Begriff mit dem einst der gesteigerte Sexualtrieb bei Frauen bezeichnet wurde. Später wurde dies als Symptom einer weiteren Persönlichkeitsstörung angesehen. Gegenwärtig wird dieses Phänomen ›Hypersexualität‹ oder schlicht ›Sexsucht‹ genannt.

Ödipalphase In Freuds Phasen der psychosexuellen Entwicklung fällt die ödipale (oder phallische) Phase in das Alter zwischen drei und fünf Jahren. Kinder ergreifen dann Besitz vom Elternteil des jeweils anderen Geschlechts und betrachten das gleichgeschlechtliche Elternteil als Rivalen. Freud begriff die phallisch-ödipale Phase – ein Begriff, der sowohl für Mädchen als auch für Jungen benutzt wird – als wichtigstes Element in der Persönlichkeitsentwicklung und als Hauptquelle psychischer Probleme von Erwachsenen.

Persönlichkeitsstörung Es gibt verschiedene Störungen, die einen Menschen daran hindern, mit den unterschiedlichsten Lebenssituationen angemessen umzugehen. Menschen mit Persönlichkeitsstörungen reagieren auf Situationen starr und unflexibel. Die bekanntesten Störungen sind etwa Paranoia, Schizophrenie, die histrionische Persönlichkeitsstörung (HPS) und antisoziales Verhalten. Es ist möglich, an mehr als nur einer Persönlichkeitsstörung zu leiden.

Präödipale Phase Freud beharrte darauf, dass die ödipale (phallische) Phase die wichtigste in der psychosexuellen Entwicklung des Menschen sei. Sein engster Vertrauter und Schüler Otto Rank vertrat dagegen die Ansicht, dass die präödipale Phase, also die Zeit unmittelbar nach der Geburt, die bedeutendste ist. Für Freud bestand die fundamentale Beziehung in der ödipalen Phase zwischen einem Kind und dem Elternteil gleichen Geschlechts. Rank sah die fundamentale Beziehung in der präödipalen Phase zwischen einem Kind – Junge oder Mädchen – und der Mutter. Wo Freud den Versuch des Kindes sieht, den Elternteil gleichen Geschlechts zu ersetzen, erkennt Rank das Verlangen des Kindes, im Mutterleib vereint zu bleiben. Das Trauma, das unsere Persönlichkeit bestimmt, geschieht nicht im Alter von drei Jahren, sondern bei der Geburt. Auch wenn die Freudianer Rank heute noch immer als Ketzer darstellen, so sind sie doch längst bereit, der präödipalen Phase die gleiche Wichtigkeit beizumessen wie der ödipalen.

Satyriasis Ein Begriff, mit dem einst das männliche Pendant zur Nymphomanie bezeichnet wurde. Auch bei Männern wurde gesteigerte Sexualität als Symptom einer größeren psychologischen Erkrankung angesehen. Der Begriff wurde inzwischen durch ›Hypersexualität‹ oder ›Sexsucht‹ abgelöst.

NARZISSMUS

30-Sekunden-Mythologie

Narziss war ein ausgesprochen

schöner junger Mann, der Jünglinge und Mädchen gleichermaßen zurückwies. Ein verschmähter Jüngling sorgte zur Strafe dafür, dass Narziss sich in sein eigenes Spiegelbild im Wasser verliebte. Narziss verstand nicht, dass er nicht sich selbst, sondern nur das eigene Spiegelbild betrachtete. Er war außerstande, sein Abbild mit den Händen zu fassen, konnte sich aber zugleich nicht davon losreißen; so welkte er dahin und starb. Er wurde in eine Blume verwandelt – die Narzisse.

Der Fachbegriff »Narzissmus« steht für die unverhältnismäßige Selbstbezogenheit und eine mangelnde Wahrnehmung der Mitmenschen. Geprägt wurde dieser Begriff vom englischen Arzt und richtungsweisenden Sexualforscher Havelock Ellis, der damit exzessive Selbstbefriedigung umschrieb. Er wurde von Sigmund Freud, der einen weitaus theoretischeren Ansatz vertrat, umfassend erweitert. »Gesunder Narzissmus« ist der gebräuchliche Begriff für die ausreichende Beachtung der eigenen Person und anderer Menschen. Narzissmus als Persönlichkeitsstörung bezieht sich auf die übertriebene Beschäftigung mit sich selbst auf Kosten der Mitmenschen. Für Freud ist Narzissmus als Krankheit eine extrem übersteigerte Selbstwahrnehmung.

3-SEKUNDEN-ÜBERBLICK
Narzissmus beschreibt das Befinden von Menschen, die übermäßig von sich selbst eingenommen sind. Dies geht über reine Eitelkeit, Stolz oder Selbstbewusstsein hinaus.

3-MINUTEN-PERSPEKTIVEN
Die Quelle des Narzissmus bleibt strittig. Eine verbreitete psychoanalytische Erklärung ist die Ablehnung der Liebe in früher Kindheit. Das ungeliebte Kind kann später als Erwachsener wiederum keine Liebe für andere empfinden. Narzissten verfügen über kein Einfühlungsvermögen. Nach außen hin sind sie oft liebenswert, im Innern sind sie jedoch manipulierend, hinterlistig und trügerisch. Der Gedanke des Narzissmus wurde auf ganze Kulturen angewendet, so etwa in Christopher Laschs Buch *Das Zeitalter des Narzißmus* (1979) über das moderne Amerika.

30-SEKUNDEN-TEXT
Robert A. Segal

Während die Selbstliebe des Narziss das Ergebnis eines Fluchs ist, bietet Freud eine allgemeine wissenschaftliche Erklärung dieses Phänomens.

ÖDIPUS-KOMPLEX

30-Sekunden-Mythologie

Die Hauptperson in Sophokles'

Oedipus Rex (König Ödipus) ist die wohl bekannteste Figur der griechischen Mythologie; doch der Ruf des Ödipus beruht zum Teil auf der Aneignung des Stoffes durch Sigmund Freud. Als Opfer eines Fluchs, der auf seiner Familie lastete, wurde König Laios von Theben gewarnt, sein zukünftiger Sohn werde ihn töten. Laios akzeptierte die Prophezeiung und wies einen Diener an, das Kind zu töten, dessen Empfängnis Ergebnis von Trunkenheit und fehlender Selbstbeherrschung war. Laios glaubte, durch die Tötung des Knaben die Prophezeiung zunichte machen zu können. Tatsächlich aber wurde Ödipus gerettet und an anderem Ort aufgezogen; als Erwachsener erfüllte sich die Prophezeiung, die den Inzest mit seiner Mutter einschloss. Auch wenn Ödipus scheinbar Opfer des Schicksals war, das er, wie auch sein Vater, vergeblich zu verhindern versuchte, wird er bei Freud zum Übeltäter. Für ihn erfüllt Ödipus als Erwachsener die Kindheitstriebe aller Männer, wie er in seiner *Traumdeutung* (1900) darlegte: sie wollen ihre Väter töten, um sich den sexuellen Zugang zu ihren Müttern zu sichern. Der »Ödipus-Komplex« ist in der Kindheit normal, nimmt jedoch neurotische Züge an, wenn er sich bis ins Erwachsenenalter erhält – auch wenn er de facto niemals Erfüllung findet.

3-SEKUNDEN-ÜBERBLICK
Der »Ödipus-Komplex« ist Freuds Bezeichnung für einen Trieb aller Jungen im Alter zwischen drei und fünf Jahren: sie wollen ihre Väter töten, um Sex mit ihren Müttern zu haben.

3-MINUTEN-PERSPEKTIVEN
Freud stellte den Ödipus-Komplex ins Zentrum seiner Psychologie. Seitdem hat sich allerdings selbst der Standpunkt der Mainstream-Psychoanalyse von der ödipalen Phase, die für Freud auf dem Konflikt zwischen Sohn und Vater basierte, zur präödipalen Phase verschoben, die auf den (keineswegs feindlichen, sondern engen) Beziehungen zwischen Kind und Mutter basierte. Zugleich wird der Begriff »Ödipus-Komplex« mittlerweile nicht nur für Männer, sondern auch für Frauen verwendet: der Begriff »Elektra-Komplex« ist aus der Mode gekommen.

3-SEKUNDEN-BIOGRAFIEN
ÖDIPUS
König von Theben, der seinen Vater tötete und seine Mutter heiratete
s. Seite 116

SOPHOKLES
Griechischer Dramatiker, Autor von *König Ödipus*
s. Seite 146

30-SEKUNDEN-TEXT
Robert A. Segal

Jungen wollen ihre Väter töten, um mit ihren Müttern zu schlafen ... sagt Freud.

ELEKTRA-KOMPLEX

30-Sekunden-Mythologie

In der griechischen Mythologie

war Elektra die Tochter von Agamemnon und Klytaimnestra. Ihre bedeutendsten Geschwister waren Iphigenie und Orestes. Agamemnon führte die griechische Streitmacht vor Troja. In seiner Abwesenheit nahm sich Klytaimnestra Aigisthos zum Liebhaber. Gemeinsam töteten sie Agamemnon nach dessen siegreicher Heimkehr. Klytaimnestra hasste ihn, weil er Iphigenie geopfert hatte, um mit den griechischen Streitkräften unter günstigem Wind zu segeln, den sie für die Fahrt nach Troja benötigten. Und sie hasste ihn, weil er mit einer Geliebten, Kassandra, heimgekehrt war. Elektra stellte sich trotzdem auf die Seite ihres Vaters und beschwor Orestes, ihre Mutter zu töten.

Es war nicht Freud, sondern sein Rivale Carl Gustav Jung, der den Begriff »Komplex« prägte. Später, 1913, sprach er vom spezifischen Fall des »Elektra-Komplexes«, womit er explizit auf den entwicklungsbedingten Trieb von Mädchen im Alter zwischen drei und fünf Jahren einging, mit dem eigenen Vater geschlechtlich zu verkehren und die Mütter als Konkurrentinnen zu töten. Freud übernahm den Begriff und prägte den Ausdruck »Ödipus-Komplex«, der als Pendant zum Elektra-Komplex angesehen wurde. Als sich die Wege Freuds und Jungs trennten, verwarf Freud den Begriff »Elektra-Komplex« und bevorzugte geschlechtsunabhängig den Terminus »Ödipus-Komplex«.

3-SEKUNDEN-ÜBERBLICK
Der »Elektra-Komplex« bezeichnet die Entwicklungsphase, in der Mädchen in der Fantasie ihre Mütter töten wollen, um sexuellen Zugang zu ihren Vätern zu erlangen.

3-MINUTEN-PERSPEKTIVEN
Der Begriff »Elektra-Komplex« passt nicht so gut zu dem Phänomen, das er bezeichnet; passender ist der Begriff »Ödipus-Komplex«. Während die mythologische Figur Ödipus eigentlich seinen Vater tötete und im späteren Verlauf seine Mutter heiratete, war Elektra nicht diejenige, die ihre Mutter tötete; ihr Vater war bereits tot. Ödipus tat genau das, was er bewusst nie hätte tun wollen; Elektra dagegen wünschte sich bewusst den Tod ihrer Mutter.

3-SEKUNDEN-BIOGRAFIEN
ÖDIPUS
König von Theben, der seinen Vater tötete und seine Mutter heiratete
s. Seite 116

30-SEKUNDEN-TEXT
Robert A. Segal

Alle Mädchen wollen ihre Mütter töten, um mit ihren Vätern zu schlafen ... sagt Freud, und Jung behauptete dies anfangs auch.

495 v. Chr.
Geburt in Kolonos in der
Nähe von Athen als Sohn
eines wohlhabenden
Händlers

468 v. Chr.
Erster Preis bei den
Dionysien in Athen, Sieg
über Aischylos

444 v. Chr.
Uraufführung von *Aias*

442 v. Chr.
Niederschrift der *Antigone*

409 v. Chr.
Niederschrift des
Philoktetes und der *Elektra*

406 v. Chr.
Niederschrift des *Oedipus
Coloneus* (*Ödipus auf
Kolonos*)

405 v. Chr.
Tod in Athen

401 v. Chr.
Uraufführung von *Oedipus
Coloneus*

1911
Hugo von Hofmannsthal
übersetzt *König Ödipus*

1974
Antigone, übersetzt von
Wolfgang Schadewaldt

1981
Antigone, übersetzt von
Norbert Zink

SOPHOKLES

Nach Aischylos machte Sopho-
kles in Athen über 50 Jahre Karriere als
Dramatiker. Ihm werden mehr als 120 Werke zugeschrieben, obwohl, neben einigen Fragmenten,
nur sieben erhalten sind. Bei den alljährlichen
Theaterfestspielen seiner Stadt, den Dionysien,
ergatterte er etwa 24 Preise; bei seiner ersten
Teilnahme mit 28 Jahren erzielt er vor Aischylos
den ersten Preis. Aristoteles nennt *Oedipus Rex
(König Ödipus)* als Beispiel einer formvollendet
gegliederten Tragödie.

Wie Aischylos war auch Sophokles ein Inno-
vator. Er ergänzte die zwei Schauspieler des
Aischylos um einen dritten, erweiterte dadurch
das Dialogische und reduzierte die Bedeutung
des Chorus weiter. Die Trilogie ersetzt er durch
drei getrennte Werke, selbst wenn sie dasselbe
Thema behandelten. Seine drei Werke zu Ödipus
– *König Ödipus* (*Oedipus Rex*), *Ödipus auf
Kolonos* (*Oedipus Coloneus*) und *Antigone* –
bilden genau genommen eine Trilogie.

Viele Themen Sophokles' decken sich mit
denen von Aischylos. Die Menschen müssen ihr
Schicksal und die Macht der Götter anerkennen.
Sie täuschen sich selbst, wenn sie glauben, ihr
Schicksal selbst bestimmen zu können. Nichtsdestotrotz tragen sie Verantwortung für ihr
Handeln. In der berühmtesten Tragödie von
Sophokles *König Ödipus* glaubt der Titelheld –
wie eigentlich in allen griechischen Tragödien –,
er könne sein Schicksal abwenden und die Ermordung des Vaters bzw. die Heirat der Mutter

umgehen. Sein Schicksal aber ist Konsequenz
eines Fluchs, der auf dem Haus seiner Vorfahren
lastet.

Der Untergang des Ödipus ist jedoch nicht
nur Ergebnis schicksalshafter Fügungen, für die
er nicht verantwortlich gemacht werden könnte. Eher sind es seine freien Entscheidungen:
als er von seinem ermordeten Vater den Thron
von Theben übernimmt, hält er sich nahezu für
einen Gott. Er ist der Überzeugung, nur er könne
die Plage, die Theben befallen hat, beseitigen.
Grund seines Untergangs aber ist nicht die Plage,
sondern sein Beharren, den Schuldigen für deren
Ausbruch finden zu wollen; denn dieser ist
Ödipus selbst. Sein Stern sinkt nicht nur, weil er
vor langer Zeit seinen »Ödipus-Komplex« aus-
gelebt hat, sondern weil er Jahrzehnte später
die Götter von sich wies, als er den Propheten
Teiresias aufsuchte. Als Konsequenz seines Hoch-
muts wird er für alles verantwortlich gemacht.

Wie für Aischylos kann aber auch für Sophokles
aus Leiden Weisheit entstehen, und Ödipus ist
ein deutliches Beispiel für einen, der durch Leiden
vom klügsten zum weisesten Menschen wurde.

Als Sophokles Mitte fünfzig war, wandte er
sich verstärkt gesellschaftlichen Aufgaben zu.
Er wurde zum Priester geweiht und arbeitete
als Verwaltungsbeamter bei der Regierung
Athens. Großes Ansehen erlangte er in diesen
Ämtern nicht und so blieb er seiner Nachwelt als
Dramatiker in Erinnerung.

NYMPHOMANIE

30-Sekunden-Mythologie

Die Nymphen waren reizvolle

Frauengestalten, die weit entfernt jeder Zivilisation lebten. Sie waren vor allem auf Bäumen, in den Bergen, an Flüssen und Quellen anzutreffen, waren übermenschlich und doch sterblich und daher allenfalls Göttinnen einer niederen Rangordnung. Mitunter fanden sie den Tod, wenn das Naturphänomen, dass sie bewohnten, erlosch. Sie lebten in Gruppen und wurden nur gelegentlich einzeln benannt. Nymphen waren wunderschön, sorglos und genossen körperliche, auch sexuelle Freuden, können aber keineswegs als freizügig bezeichnet werden. Manche von ihnen lebten in Enthaltsamkeit. Andere mieden den Sex mit Männern. Wieder andere suchten die sexuelle Nähe zu Männern und konnten sie, wie im Beispiel des Jünglings Hylas, in den Tod locken. Der Begriff »Nymphomanie« wird abwertend auf Frauen angewendet, deren sexuelles Verlangen als unstillbar gilt. Genau genommen handelt es sich hierbei um einen medizinischen Terminus und um eine Erkrankung, die selten auftritt und auf eine geistige Störung hinweist. Für Männer gibt es den weitaus weniger bekannten medizinischen Terminus »Satyriasis«, der seinen Namen gleichermaßen aus der griechischen Mythologie bezieht. Die Satyrn – halb Mann, halb Ziegenbock – waren bekannt für ihre Zuchtlosigkeit. Satyrn und Nymphen hatten mitunter Sex miteinander.

30-SEKUNDEN-TEXT
Robert A. Segal

3-SEKUNDEN-ÜBERBLICK
»Nymphomanie« ist eine abwertende Bezeichnung für die übersteigerte Sexualität bei Frauen, bezeichnet aber auch eine psychische Erkrankung, zu deren Symptomen sexuelle Unersättlichkeit gehört.

3-MINUTEN-PERSPEKTIVEN
Der heute gebräuchliche Begriff für Nymphomanie lautet »Hypersexualität« und gilt für Männer und Frauen gleichermaßen. Ab wann Sexualität überhand nimmt, wird diskutiert, und die Beurteilung ist auffallend abhängig von Zeit und Ort. Einige Experten erachten die Hypersexualität als Sucht und möchten sie in die Liste der psychiatrischen Krankheiten aufnehmen. Manche schreiben sie dem sexuellen Missbrauch in der Kindheit, andere einer Zwangsstörung zu. Das zwanghafte Verlangen nach Sex ist nur ein Symptom der Hypersexualität.

Die Nymphen der klassischen Mythologie sind nicht so unersättlich wie ihre modernen Entsprechungen.

PYGMALION-EFFEKT

30-Sekunden-Mythologie

In den *Metamorphosen* erzählt Ovid die Geschichte des Bildhauers Pygmalion, der, angewidert von Prostituierten, körperlichen Freuden entsagte und in Enthaltsamkeit lebte. Er fertigte aber die Elfenbeinstatue einer schönen Jungfrau und verliebte sich in sein Werk. Als er von einem Fest zu Ehren der Venus zurückkehrte, küsste er die Statue, die dank Venus zum Leben erwachte.

Der Bezug zum Begriff »Pygmalion-Effekt«, den der US-amerikanische Soziologe Robert Merton prägte, ist heikel. Lange bevor George Bernard Shaws berühmtes Theaterstück *Pygmalion* 1912 erschien, gab es englische Komödien, in denen ein verheirateter Bildhauer eine hübsche Frau schuf, die später zum Leben erwachte. Nicht sein, sondern der Name der Frau war Pygmalion. Shaw schrieb keine Komödie, sondern eine komische Satire über die Starrheit der Klassen und machte Pygmalion, die er in Eliza Doolittle umbenannte, von Anfang an zur lebenden Person. Die Verwandlung in diesem Stück geschieht nicht von einem toten zu einem lebendigen Wesen, sondern vom Blumenmädchen der Londoner Vorstadt zur Aristokratin. Die Verwandlung ist weniger Ergebnis ihres Handelns als ihrer Akzeptanz durch die Oberschicht. Mit »Effekt« ist die Wirkung gemeint, die Erwartungen anderer auf den einzelnen Menschen haben.

Der Gedanke, »den Erwartungen anderer Menschen gerecht zu werden«, weicht vom ursprünglichen Mythos des Pygmalion ab.

ANHANG

QUELLEN

BÜCHER

Ancient Goddesses: The Myths and the Evidence
Lucy Goodison und Christine Morris
(University of Wisconsin Press, 1999)

Anthology of Classical Myth: Primary Sources in Translation
Stephen M. Trzaskoma u. a.
(Hackett, 2004)

Aphrodite
Monica S. Cyrino
(Routledge, 2010)

Apollo
Fritz Graf
(Routledge, 2009)

Apollodorus' Library and Hyginus' Fabulae: Two Handbooks of Greek Mythology
R. Scott Smith und Stephen M. Trzaskoma
(Hackett, 2007)

Art and Myth in Ancient Greece
Thomas H. Carpenter
(Thames & Hudson, 1991)

Athena
Susan Deacy
(Routledge, 2008)

The Cambridge Companion to Greek Mythology
Roger D. Woodard (Hrsg.)
(Cambridge University Press, 2007)

Classical Myth (7. Auflage)
Barry B. Powell
(Prentice Hall, 2011)

Classical Mythology: A Guide to the Mythical World of the Greeks and Romans
William Hansen
(Oxford University Press, 2005)

Classical Mythology: A Very Short Introduction
Helen Morales
(Oxford University Press, 2007)

Classical Mythology in English Literature: A Critical Anthology
Geoffrey Miles (Hrsg.)
(Routledge, 1999)

The Complete World of Greek Mythology
Richard Buxton
(Thames & Hudson, 2004)

The Dictionary of Classical Mythology
Pierre Grimal, übers. A. R. Maxwell-Hyslop
(Blackwell, 1986)

Dionysus
Richard Seaford
(Routledge, 2006)

Greek Mythology, An Introduction
Fritz Graf, übers. Thomas Marier
(Johns Hopkins University Press, 1993)

A Handbook of Greek Mythology
Herbert J. Rose
(Methuen, 1. Auflage 1928; 6. Auflage 1958)

Heracles
Emma Stafford
(Routledge, 2011)

Medea
Emma Griffiths
(Routledge, 2006)

The Meridian Handbook of Classical Mythology
(ursprünglich von Crowell, 1970)
Edward Tripp
(Meridian, 1974)

*The Mirror of the Gods: How Renaissance
Artists Rediscovered the Pagan Gods*
Malcolm Bull
(Oxford University Press, 2005)

The Modern Construction of Myth
Andrew Von Hendy
(Indiana University Press, 2002)

*Myth: Critical Concepts in Literary and Cultural
Studies (4 vols.)*
Robert A. Segal (Hrsg.)
(Routledge, 2007)

Myth: A Very Short Introduction
Robert A. Segal
(Oxford University Press, 2004)

Myths of the Greeks and Romans (Neuaufl.)
Michael Grant
(Penguin, 1995)

The Myths of Rome
Timothy P. Wiseman
(University of Exeter Press, 2004)

The Nature of Greek Myths
Geoffrey S. Kirk
(Penguin, 1974)

Oedipus
Lowell Edmunds
(Routledge, 2006)

Perseus
Daniel Ogden
(Routledge, 2008)

Prometheus
Carol Dougherty
(Routledge, 2006)

QUELLEN

The Rise of Modern Mythology 1680–1860
Burton Feldman und Robert D. Richardson
(Indiana University Press, 1972)

Roman Myths
Michael Grant
(Penguin, 1973)

The Routledge Handbook of Greek Mythology
(nach H. J. Roses A Handbook of Greek
Mythology)
Robin Hard
(Routledge, 2004)

A Short Introduction to Classical Myth
Barry B. Powell
(Prentice Hall, 2002)

The Survival of the Pagan Gods: The Mytho-
logical Tradition and its Place in Renaissance
Humanism and Art
Jean Seznec
(Princeton University Press, 1953)

The Uses of Greek Mythology
Ken Dowden
(Routledge, 1992)

Zeus
Ken Dowden
(Routledge, 2006)

WEB SITES & LIBRARY COLLECTIONS

The Bryn Mawr Classical Review at http://ccat.
sas-upenn.edu/bmcr/arch.html
Richard Hamilton und James J. O'Donnell (Hrsg.)
Ein Archiv der Neuerscheinungen über die
Welt der Antike. Die führende Zeitschrift der
Altertumswissenschaften.

Lexicon Iconographicum Mythologiae Classicae
(LIMC) (Zürich, 1981–1999). Umfangreiche
Sammlung von Erklärungen zu jedem Mythos,
mit wissenschaftlichen Kommentaren in verschiedenen Sprachen, größtenteils Englisch. Eine
unbezahlbare Quelle für Studien von Mythen
und Kunst der Antike; nur in Forschungsbiblio-
theken verfügbar.

Sammlung der Werke von Ovid an der University
of Virginia.
http://etext.lib.virginia.edu/latin/ovid/

The Perseus Project, Hrsg. Gregory R. Crane
u. a., enthält Tausende Verweise auf Texte,
Kunstwerke, Karten, Lexika und andere Mittel
zum Verständnis von Mythen und der Antike.
http://www.perseus.tufts.edu

Theoi Greek Mythology: Exploring Mythology
in Classical Literature and Art.
http://www.theoi.com/

ZU DEN AUTOREN

Viv Croot ist Autorin, die Fachthemen einer breiten Leserschaft näher bringt. Besonders faszinieren sie die *Ilias* und die *Odyssee* sowie deren Einfluss auf die westliche Literaturtradition. Sie ist Mitautor von *Troy: Homer's Iliad Retold* (Barnes & Noble, 2004).

Susan Deacy ist Dozentin für griechische Geschichte und Literatur an der Roehampton University, London. Ihre wissenschaftliche Arbeit über Athene führte zur Erforschung von Figuren aus dem Umfeld der Göttin. Deacy ist Herausgeberin der Reihe »Gods and Heroes of the Ancient World« bei Routledge und Autorin von Publikationen wie *A Traitor to her Sex? Athena the Trickster* (Oxford University Press).

Emma Griffiths ist Lektorin für Griechisch an der University of Manchester. Sie hat zu vielen Aspekten der griechischen Mythologie und des Dramas publiziert. Derzeit schreibt sie ein Buch über Kinder in der griechischen Tragödie.

William Hansen ist Emeritus für klassische Philologie und Völkerkunde der Indiana University, Bloomington. Er verfasste Bücher wie *Anthology of Ancient Greek Popular Literature* (Indiana University Press, 1998), *Ariadne's Thread: A Guide to International Tales Found in Classical Literature* (Cornell University Press, 2002) und *Classical Mythology: A Guide to the Mythical World of the Greeks and Romans* (Oxford University Press, 2005).

Geoffrey Miles ist Dozent für Englisch an der Victoria University of Wellington, Neuseeland. Sein besonderes Interesse gilt dem Einfluss antiker Mythen in der englischen Literatur. Er ist Herausgeber von *Classical Mythology in English Literature* (Routledge, 1999) und Mitautor von *The Snake-Haired Muse* (Victoria University Press, 2011), einer Studie über Mythen in der Dichtung von James K. Baxter.

Barry B. Powell ist Halls-Bascom Professor Emeritus für klassische Philologie an der University of Wisconsin-Madison. Er verfasste u. a. *Classical Myth* (Prentice Hall, 2011), *Writing: Theory and History of the Technology of Civilization* (Wiley/Blackwell, 2009) und *Homer and the Origin of the Greek Alphabet* (Cambridge University Press, 1991). Er ist Mitautor von *A New Companion to Homer* (Brill, 1997) und *The Greeks: History, Culture, and Society* (Prentice Hall, 2009).

Robert A. Segal ist Leiter des Lehrstuhls für Religionswissenschaften an der University of Aberdeen und gilt als führende Autorität für die Deutung von Mythen. Er verfasste *Myth: A Very Short Introduction* (Oxford University Press, 2004) und *Theorizing about Myth* (University of Massachusetts Press, 1999). Für Routledge lektoriert er die Reihe »Theorists of Myth«.

INDEX

DANKSAGUNG

BILDNACHWEIS
Der Verlag möchte den nachstehenden Personen und
Organisationen für deren freundliche Genehmigung
zur Verwendung der Abbildungen in diesem
Buch danken. Beim Nachweis der Bilder wurde
mit größter Sorgfalt vorgegangen; für eventuelle
und unbeabsichtigte Auslassungen bitten wir um
Entschuldigung.

Ian W. Scott: 20.